Der Yurei-Survival-Guide

Angriff der japanischen Geister

Hiroko Yoda
& Matt Alt

Illustrationen
Shinkichi

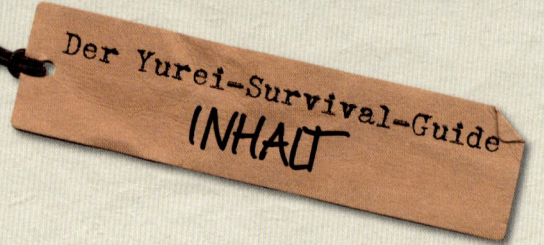

Der Yurei-Survival-Guide
INHALT

Einleitung — 7
Erkenne deinen Yurei — 12

.....

Kapitel 1: Die schaurig Schönen — 15
Oiwa (Yotsuya Kaidan: Der Schrecken der Yotsuya) — 16
Okiku (Banchō Sarayashiki: Das Geschirrhaus in Banchō) — 20
Otsuyu (Botan Doro: Die Pfingstrosenlaterne) — 24
Lady Rokujo (Genji Monogatari: Die Geschichte des Prinzen Genji) — 28
Isora (Kibitsu no Kama: Der Kessel von Kibitsu) — 32
Orui (Kasane ga fuchi: Geschichte vom Kasane-Sumpf) — 36

Kapitel 2: Grimmige Gespenster — 39
Taira no Masakado — 40
Sugawara no Michizane — 44
Sutoku — 48
Kohada Koheiji — 52
Sakura Sogoro — 56
Prinz Moriyoshi — 60
Hiimi-sama — 64

.....

Kapitel 3: Schwermütige Seelen — 67
Ukai Kansaku — 68
Miyagi — 72
Amekai Yurei: Das Gespenst, das Süßes kauft — 76
Die Okiku-Puppe — 80
Furisode Kaji: Der Meireki-Großbrand und der Feuer-Kimono — 84
Der Futon aus Tottori — 88

.....

Kapitel 4: Verfluchte Orte — 91
Tabaruzaka — 92
Hakkoda-san — 96
Aokigahara — 100
Burg Hachioji — 104
Yonaki Ishi — 108

Der Yurei-Survival-Guide

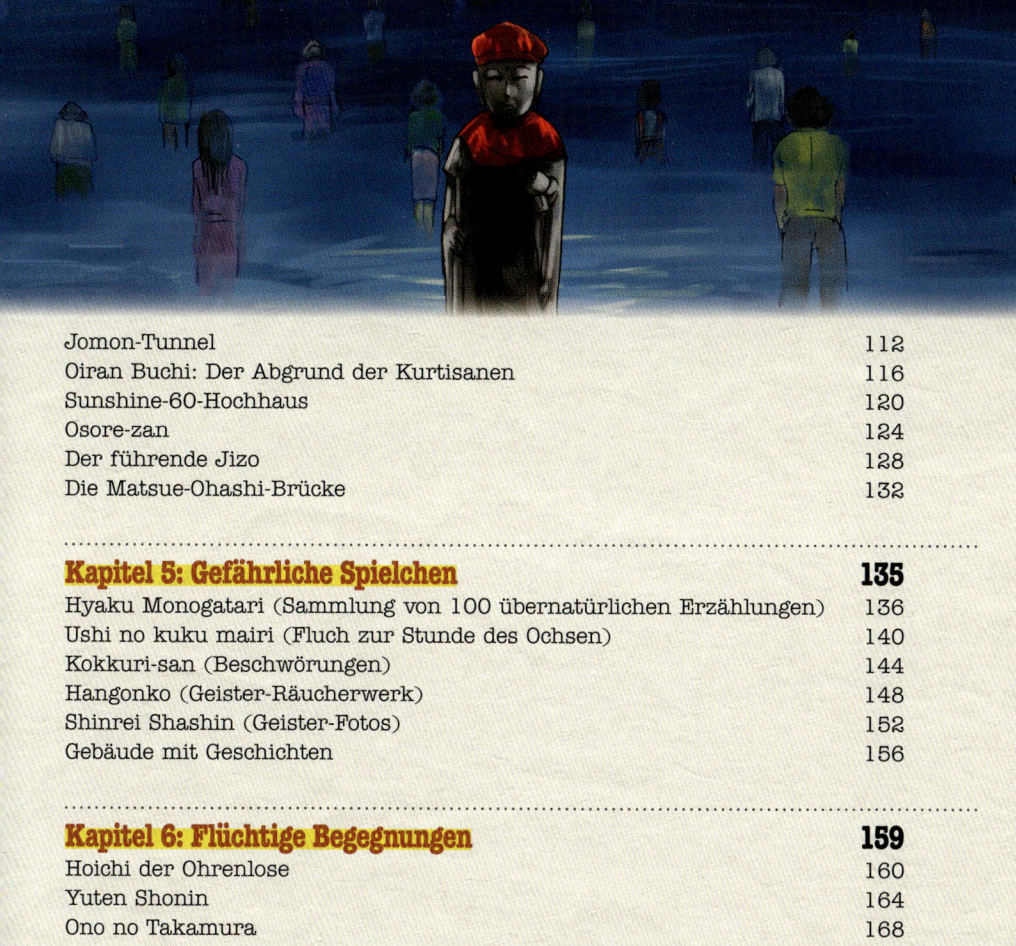

Jomon-Tunnel	112
Oiran Buchi: Der Abgrund der Kurtisanen	116
Sunshine-60-Hochhaus	120
Osore-zan	124
Der führende Jizo	128
Die Matsue-Ohashi-Brücke	132

Kapitel 5: Gefährliche Spielchen — **135**
Hyaku Monogatari (Sammlung von 100 übernatürlichen Erzählungen) — 136
Ushi no kuku mairi (Fluch zur Stunde des Ochsen) — 140
Kokkuri-san (Beschwörungen) — 144
Hangonko (Geister-Räucherwerk) — 148
Shinrei Shashin (Geister-Fotos) — 152
Gebäude mit Geschichten — 156

Kapitel 6: Flüchtige Begegnungen — **159**
Hoichi der Ohrenlose — 160
Yuten Shonin — 164
Ono no Takamura — 168

Kapitel 7: Die Hölle — **171**
Jigoku (Die Hölle) — 172
Die acht Höllen — 176

Yurei-Glossar — **178**

Bibliographie und weiterführende Literatur — **184**

Register — **189**

Danksagung — **191**

Dieses Buch ist Japans gruseligster Einwohnerin gewidmet, die Japan seit fast zwei Jahrhunderten das Fürchten lehrt: Oiwa-san.

HEEL Verlag GmbH
Gut Pottscheidt
53639 Königswinter
Tel.: 02223 9230-0
Fax: 02223 9230-13
E-Mail: info@heel-verlag.de
www.heel-verlag.de

Deutsche Ausgabe:
© 2024 HEEL Verlag GmbH

Originalausgabe:
© Original English version published by Tuttle Publishing under the title »Yurei Attack! The Japanese Ghost Survival Guide«
© 2012 by Hiroko Yoda and Matt Alt.
Illustrations © 2012 by Shinkichi.

Autoren: Hiroko Yoda und Matt Alt

Deutsche Ausgabe:
Übersetzung aus dem Englischen:
Hannah Gottfried, HEEL Verlag GmbH
Covergestaltung:
Axel Mertens, HEEL Verlag GmbH
Satz: Sabine Vonderstein, Köln
Projektleitung und Lektorat:
Carolin Wischerath, HEEL Verlag GmbH

Fotos: © Hiroko Yoda (S. 43, S. 63, S. 71, S. 79, S. 82, S. 83, S. 106–107, S. 110–111, S. 115, S. 119, S. 122–123, S. 127, S. 130, S. 142, S. 162, S. 167, S. 187–188) und Matt Alt (S. 180 Oni-Figur).
Mit Ausnahmen von:
© Joe Price-Sammlung (S. 9, S. 10, S. 190), Tomoo Haraguchi (S. 52, S. 54, S. 175), Katrina Grigg-Saito (S. 83), Flickr-Mitglied „Simon le Nippon" (S. 103), Andrew Lee (S. 136–139, S. 181 (u. r.)), Rob Oechsle (S. 154–155), Yoshiko und Naoki Karasawa (S. 180 Leuchtgeister, S. 182 Karuta, Monster-Feuerwerk), Gojira-ya (S. 182 Spukhaus-Set), Ilja van de Pavert (S. 183 Salutierendes Skelett Netsuke), Bernard Hurtig (S. 183 Totenkopf-tragender Geist Netsuke), David Keymont (S. 183 Monster-Radierer).
Illustrationen:
© Satoko Tanaka (Shinkichi).

Alle Rechte, auch die des Nachdrucks, der Wiedergabe in jeder Form und der Übersetzung in andere Sprachen, behält sich der Herausgeber vor. Es ist ohne schriftliche Genehmigung des Verlages nicht erlaubt, das Buch und Teile daraus auf fotomechanischem Weg zu vervielfältigen oder unter Verwendung elektronischer bzw. mechanischer Systeme zu speichern, systematisch auszuwerten oder zu verbreiten.

– Alle Rechte vorbehalten –
– Alle Angaben ohne Gewähr –

Printed in Czech Republic

ISBN 978-3-96664-773-1

Folgt dem HEEL Verlag gerne auch unter

www.instagram.com/heelverlag

www.facebook.com/heelverlag

www.youtube.com/heelverlag

@heelverlag

EINLEITUNG

Glaubst du an Geister?

Generationen über Generationen von Japanern haben es getan. Viele tun es immer noch. Dieses Buch ist eine Sammlung der „gebräuchlichen Weisheiten" einer ganzen Nation zu diesem Thema. Wir haben keinen einzigen Geist und keine einzige Geschichte erfunden, die auf den folgenden Seiten auftauchen. Sie sind alle völlig „echt" – echt in dem Sinne, dass sie in der Geschichte und in der Literatur vorkommen. Wir haben unzählige Quellen nach Schreckensgeschichten aus dem Jenseits durchforstet und so viele Fakten und Hintergründe wie möglich zusammengetragen.

Die einzige Ergänzung unsererseits sind die schönen Illustrationen.

Auch wenn es sich hier um einen Survival Guide handelt, solltest du dir den Gedanken, den Exorzisten zu spielen, sofort aus dem Kopf schlagen. Das Beste, worauf du im Falle einer Begegnung hoffen kannst, ist, dass du es überlebst. Und wenn man Generationen von Geistergeschichten Glauben schenken darf, gibt es in Japan reichlich Gelegenheiten für Geisterbegegnungen. Sie waren – und manche sagen, sie sind es immer noch – ein fester Bestandteil des täglichen Lebens.

 **Yurei**

Yurei ist japanisch und bedeutet „Geist". Geister sind die Seelen Verstorbener, die nicht in der Lage sind, ihre sterbliche Hülle zu verlassen. Oder sie wollen nicht. Das allgemeine Konzept ähnelt dem der Geister in der westlichen Welt: Eine ätherische Essenz eines ehemals lebenden Wesens, die nach dem Tod weiterlebt. Genau wie im Westen suchen einige Yurei eine bestimmte Person oder einen bestimmten Ort heim; andere streifen frei umher.

Damit enden die Gemeinsamkeiten aber auch.

Bei uns kommen uns manche Geister an Halloween besuchen, in Japan sind Geister aller Art z. B. in den Sommermonaten am aktivsten, da dann das Obon-Fest stattfindet, das Fest der Toten, bei dem die Geister geliebter Menschen aus dem Jenseits zu ihrem jährlichen Besuch willkommen geheißen werden.

Geister gibt es in allen möglichen Formen und Größen. Manche sind furchterregend, wie der „Kopflose Reiter" in „Sleepy Hollow". Andere begnügen sich damit zu spuken, wie das leise anklagende Gespenst von „Banquo" in „Macbeth". Es gibt sogar „Casper", den freundlichen Geist. Japans Yurei sind vieles, aber „freundlich" ist nicht das erste Wort, das einem in den Sinn kommt. Nicht jeder Yurei ist gefährlich, aber alle werden von Emotionen angetrieben, die so unkontrollierbar stark sind, dass sie ein Eigenleben entwickelt haben: Wut, Traurigkeit, Hingabe, Rachegelüste oder einfach der feste Glaube, dass sie noch am Leben sind.

Die berühmtesten Yurei sind die zornigen Geister. Sehr viele von ihnen sind (oder waren) Frauen. Man muss zwar keine Frau sein, um ein Yurei zu werden, aber es scheint zu helfen. Es gibt keine eindeutige Antwort auf die Frage, wieso das so ist, abgesehen von der Tradition, aber wir haben eine Vermutung. In den meisten bekannten

Geistergeschichten geht es um Rache oder Verrat. Früher standen Frauen in der sozialen Hierarchie unter den Männern, dadurch wurden sie zu einfachen Zielen: Betrug, Verrat, sogar Mord. Je pflichtbewusster und loyaler die Frau, desto mächtiger ihr Geist und desto stärker die unvermeidliche Rache an ihrem Peiniger. Wie sagt man so schön? Rache ist süß.

Bei den Yurei dreht sich alles um ihre Rache.

Kraft des Onnen

Niemand lebt ein langes, glückliches Leben, stirbt friedlich im Bett, umgeben von seiner Familie, und kommt als Yurei zurück. Die gefährlichsten Yurei haben noch ein Hühnchen zu rupfen, vorzugsweise ist dieses Huhn die Person, die ihnen das Leben verkürzt hat. Sie werden von einer starken Mischung aus Wut, Traurigkeit und dem Wunsch nach Rache angetrieben. Was im Deutschen vieler Worte bedarf, um es zu beschreiben, braucht im Japanischen nur eins: Onnen.

Ein Onnen ist eine Mischung aus Groll und Wut, die so stark ist, dass sie buchstäblich ein Eigenleben entwickelt und sich in eine Kraft verwandelt, die einen bösartigen Einfluss auf die Welt ausüben kann. Das Heimtückische an einem Onnen ist, dass man nicht unbedingt der sein muss, der daran Schuld hat, um davon betroffen zu sein. Es ist wie bei einem Virus: Wer damit in Kontakt kommt, ist gefährdet, auch Unschuldige. Das macht einen Yurei so beängstigend. Sie sind das paranormale Äquivalent zu übrig gebliebenen Weltkriegsbomben in den Innenstädten, unsichtbar aber noch immer gefährlich.

Nach japanischer Tradition, die von Jahrhunderten und Jahrtausenden der einheimischen Shinto-Religion und des importierten buddhistischen Glaubens geprägt ist, glaubt man, dass die Seele ewig ist und vom Körper des Verstorbenen in die Welt der Toten übergeht. Dazu muss sie jedoch eine gewisse Zeit lang in einer Art Fegefeuer unter den Lebenden verweilen. Während dieses Zeitraums können heftige Emotionen, ob positiv oder negativ, eine Seele an diese Welt binden. Je tiefer die Emotionen sind, desto größer ist die Chance, dass sich die Seele wieder unter den Lebenden manifestiert.

In den allermeisten Fällen bleibt ein Yurei so lange in unserer Welt gefangen, bis sein Onnen auf irgendeine Weise besänftigt oder beschwichtigt ist. Es gibt jedoch Ausnahmen. Einige sind so mächtig, dass sie dauerhaft in unserer Welt bleiben. Diese stellen in der japanischen Folklore die gefährlichsten Geisterarten dar. Ein perfektes Beispiel dafür ist Taira no Masakado (Seite 40), der Samurai-Krieger, von dessen wütendem Geist man glaubt, dass er noch heute, ein Jahrtausend nach seinem Tod auf dem Schlachtfeld, in der Innenstadt von Tokio wohnt. Die wahrgenommene Macht des Onnen ist genau der Grund, warum sein Schrein seit Jahrhunderten unberührt geblieben ist, obwohl er sich auf einem der teuersten Grundstücke der Welt befindet.

Yurei vs. Yokai

In alten Zeiten glaubten die Bewohner Japans, dass sie ihr Land mit allen möglichen anderen Bewohnern der Welt teilen. Diese reichten von Kami (Göttern) über Oni (dämonische Ungeheuer) bis hin zu Bakemono und Yokai (Monster und andere übernatürliche Wesen).

Die Yurei werden oft mit den Yokai in einen Topf geworfen, die wir im Vorgänger dieses Buches, „Yokai-Survival-Guide", behandelt haben. Kurz gesagt sind Yokai die Dinge, die in Japans

Nacht herumspuken: mythische Kreaturen aus Märchen und Folklore. Aber um es kurz zu fassen: Yokai und Yurei sind sehr unterschiedliche Sachen.

Es gibt eine praktische Faustregel, um die beiden zu unterscheiden. Ein Yurei ist ein Jemand. Ein Yokai ist ein Etwas. Yurei ist ein spezifischer Begriff. Yokai ist ziemlich allgemein.

Ein Yurei kann alle Arten von Phänomenen hervorrufen, von hörbaren und sichtbaren Erscheinungen bis hin zu direkten Angriffen. Andererseits sind Yokai in der Regel Personifikationen von Phänomenen selbst, es ist ein Versuch, unerklärlichen Ereignissen Namen und Gesichter zu geben. Yurei sind menschliche Geister, während viele Yokai als niedere Götter der natürlichen Welt angesehen werden.

Ein weiterer entscheidender Unterschied: Yokai wirken oft lustig, in manchen Fällen sogar niedlich. Tanuki-Statuen und grimmige Tengu-Masken sind in Japan gängige Dekorationsobjekte. Aber man wird fast nie ein Yurei-Gemälde finden, das ein Haus oder eine Einrichtung ziert. Sie haben die Fähigkeit, selbst moderne Japaner in Angst und Schrecken zu versetzen.

Historische Darstellungen von Yurei

Der unbestrittene Schöpfer des charakteristischen Erscheinungsbildes eines Yurei, zumindest in der bildlichen Darstellung, ist der Künstler Maruyama Okyo. Sein Gemälde „Der Geist von Oyuki" aus dem Jahr 1750 weist viele der Merkmale eines „typischen" Yurei auf: Langes, ungepflegtes Haar, eine ätherisch blasse Hautfarbe, ein schwebender Körper ohne klar definierte Beine. Das Wichtigste aber: Es ist eine Frau. Und wie alle großen Geistergeschichten beruht sie angeblich sogar auf einer wahren Geschichte, in diesem Fall auf einer Vision der jung verstorbenen Geliebten des Künstlers, die ihm im Traum einen letzten Besuch abstattete.

Aber bekomm' nicht den Eindruck, dass Okyo der erste Mensch war, der einen Yurei sah. Bei weitem nicht. Sein Gemälde war lediglich Ausdruck eines langjährigen Interesses an dem Phänomen, das sich seinen Weg in den Mainstream der Populärkultur bahnte. Das „goldene Zeitalter" der japanischen Geistergeschichte, in dem die Konventionen des Genres klar definiert waren, begann in der ersten Hälfte des 19. Jahrhunderts.

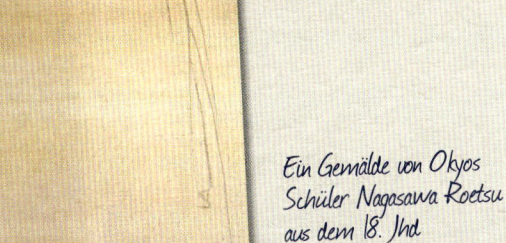

Ein Gemälde von Okyos Schüler Nagasawa Roetsu aus dem 18. Jhd.

Ein gespenstisches Gemälde eines Geschwisterpaares aus dem 18. Jhd. Goshun malte den Geist, Kaibun die Weidenbäume.

Japans wachsende Mittelschicht bildete den perfekten Markt für alle Arten von Massenunterhaltung. Aufwendige Kabuki-Bühneninszenierungen mit Spezialeffekten konnten es mit modernen Hollywood-Blockbustern aufnehmen, wenn es darum ging, Menschen in Säle zu bekommen. Doch das feudale Japan war keine Demokratie, und strenge Vorschriften untersagten es den Regisseuren, irgendetwas darzustellen, das als kritisch gegenüber dem Shogun oder seiner Regierung angesehen werden könnte. Geistergeschichten kamen zur Rettung. Geschichten von Dienern, die von ihren Herren misshandelt wurden, von treuen Ehefrauen, die von ihren Ehemännern betrogen wurden, oder von unschuldigen Dorfbewohnern, die von Aristokraten zum Spaß getötet wurden, wurden nicht als soziale Kritik, sondern als Geistergeschichten dargestellt. Diese ermöglichten den Künstlern, zeitgenössische Themen auf ironische Weise zu kommentieren, ohne den Zorn der Behörden auf sich zu ziehen. (Das war keine leere Paranoia, die Kritik am Status quo, und sei es auch nur indirekt, brachte so manchen Schriftsteller ins Gefängnis – oder Schlimmeres.)

Eine weitere beliebte Art der Unterhaltung war das Spiel „Hyaku Monogatari", vor allem im Sommer. Dabei versammelt sich eine Gruppe Menschen und unterhält sich bis in die Morgenstunden über Geistergeschichten. Das Diskutieren unheimlicher Ereignisse mitten in der Nacht trug zweifellos zum Nervenkitzel bei, ebenso wie die Gerüchte, dass nach einer erfolgreichen Sitzung ein echter Geist oder eine echte Kreatur im Raum erscheinen würde. Das war interaktive Unterhaltung, Jahrhunderte vor dem Aufkommen von Fernsehern, Spielekonsolen und Handys.

Kultur der Yurei

Einige der in diesem Buch geschilderten Geschichten beruhen auf dem Leben – und dem Tod – von Menschen, die es tatsächlich gegeben hat. Andere sind offensichtliche Phantasiegebilde. Und dann gibt es auch solche, die ein bisschen von beidem sind. Aber sie bilden die Grundlage dessen, was man in Japan als „Kultur der Yurei" bezeichnen könnte.

Geistergeschichten gehören zu den größten Werken der japanischen Literatur und Unterhaltung. Fast jeder Japaner hat schon einmal von Oiwa-san, dem Schrecken von Yotsuya, oder Okiku gehört. Vom fast 1000 Jahre alten „Geschichte vom Prinzen Genji" bis zu den Gruselgeschichten „Unter dem Regenmond" aus dem 18. Jahrhundert, von Akira Kurosawas Rashomon bis zu „J-Horror"-Filmen wie „The Ring" und „The Grudge" – es scheint, dass Geister immer noch die Macht haben, Japaner und Nicht-Japaner gleichermaßen zu faszinieren. ==Zu wissen, wer vor was Angst hat oder zu wissen, was eine ganze Nation ängstigt, ist ein mächtiges Werkzeug.==

Wie man dieses Buch benutzt

Es gibt viele Yurei und unheimliche Orte da draußen, deshalb haben wir alles so angeordnet, dass es leicht zu verstehen ist – umso besser, denn damit kannst du im Notfall alle Begegnungen heil überstehen.

Kapitel 1 befasst sich mit den berühmtesten weiblichen Gespenstern. Kapitel 2 sammelt Geschichten von wütenden Geistern. Kapitel 3 konzentriert sich auf Geister, die eher von Traurigkeit oder Verzweiflung als von Wut angetrieben werden. Kapitel 4 beschreibt Japans gruseligste Spuk-Orte, einschließlich Informationen darüber, wie man zu ihnen gelangt. Kapitel 5 beschreibt gefährliche Spiele, die Menschen in Kontakt mit der Geisterwelt bringen können. In Kapitel 6 werden einige der berühmtesten Begegnungen mit dem Übernatürlichen in Japan vorgestellt. Und Kapitel 7? Nun, sagen wir einfach, es ist eine Vision dessen, was auf uns alle zukommen wird. Es erklärt, was passiert, wenn die Dinge „richtig" laufen und deine ewige Seele ins Jenseits übergeht, ohne sich in Yurei zu verwandeln.

Also noch einmal die Frage: Glaubst du an Geister? Glaub uns, die Yurei kümmert das nicht. Sie sind hier, und sie lassen dich nicht so einfach vom Haken. Zu deinem Glück findest du hier alles, was du über sie wissen musst. Worauf wartest du also noch? Am besten, du fängst gleich an. Und wenn du eine Zeit lang mit Licht schlafen musst, dann sieh es positiv: Du bist nicht allein!

Hiroko Yoda & Matt Alt
Tokio, Japan 2012

KENNE DEINEN YUREI

Yurei gibt es in vielen Formen, aber einige Merkmale und Attribute haben sie gemeinsam. Nur wenige Yurei weisen alle Merkmale auf, aber jedes von ihnen ist ein starkes Indiz für Wesen aus dem Jenseits. Wir haben diese Übersicht zusammengestellt, um dich mit den Grundlagen vertraut zu machen.

1. Dreieckiger Kopfschmuck.
Dieser alte buddhistische Kopfschmuck wird seit Generationen nicht mehr bei echten Beerdigungen verwendet, ist aber ein Standardrequisit für Yurei.

2. Langes, strähniges, ungekämmtes Haar.
Haare, insbesondere Haare, die unkontrolliert wachsen, sind ein häufiges Merkmal japanischer Geistergeschichten.

3. Verrückter/ verärgerter Gesichtsausdruck.
Hast du ein nettes Lächeln erwartet?

4. Herunterhängende Hände.
Lass dich von den schlaffen Handgelenken nicht täuschen. Sie sind kein Zeichen von Schwäche, sondern eher ein Signal dafür, dass du es mit Toten zu tun hast.

5. Weisser Kimono.
Die Kimonos der Toten werden auf die entgegengesetzte Weise gefaltet wie die der Lebenden. (Der übliche Stil mit dem Revers von links nach rechts wäre zum Beispiel bei einer Beerdigung von rechts nach links.)

6. Hitodama.
Obwohl sie wörtlich übersetzt „Menschenseele" heißen, werden diese seltsamen Feuerkugeln im Allgemeinen eher als Manifestationen von Geistererscheinungen, statt als echte Geister angesehen. Sie tauchen oft zusammen mit Yurei auf.

7. Fehlende Füsse.
Das Fehlen einer physischen Verbindung zum Boden ist ein typisches Merkmal der Yurei.

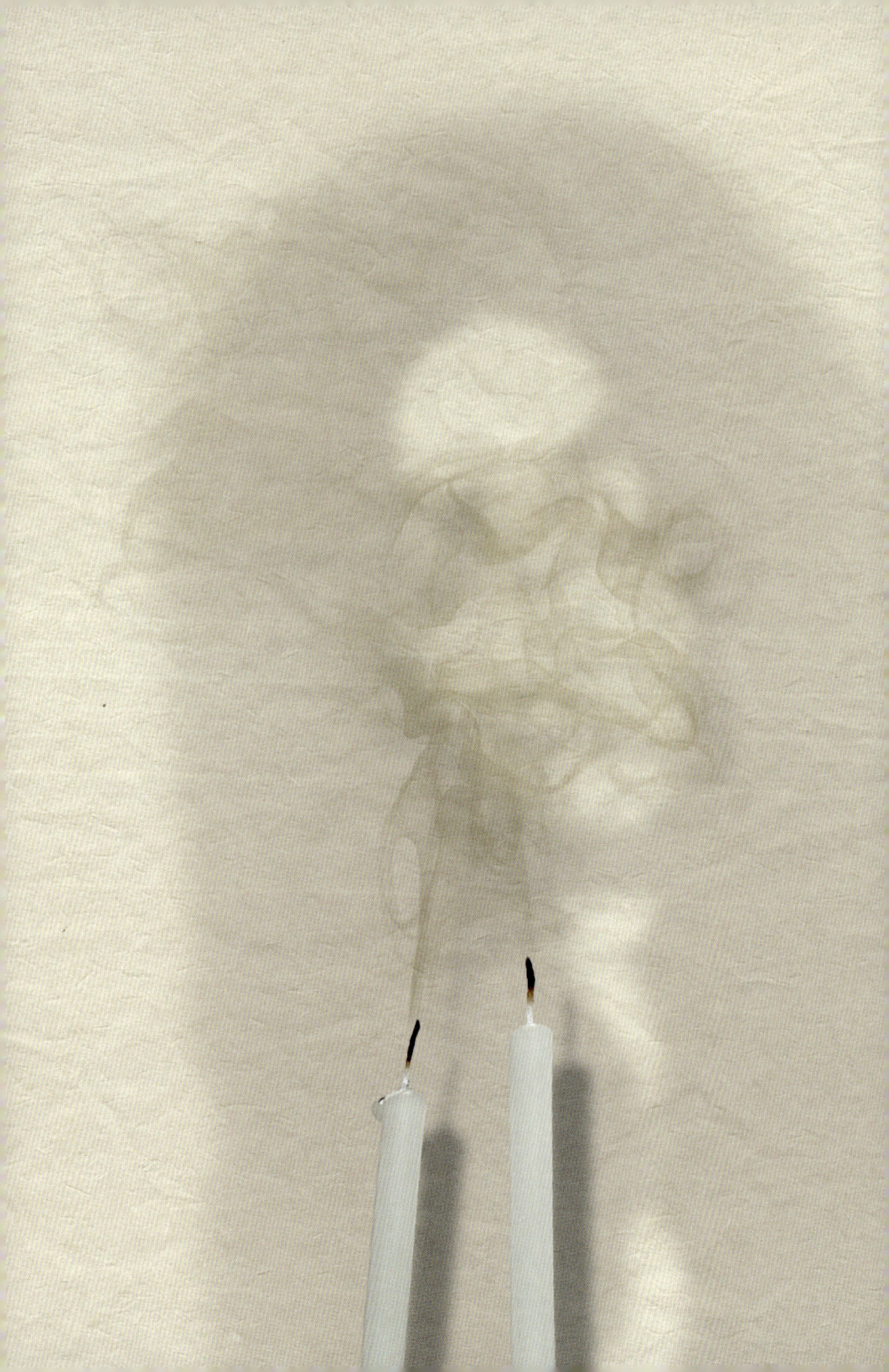

KAPITEL 1:
Die schaurig Schönen

OIWA	16
OKIKU	20
OTSUYU	24
LADY ROKUJO	28
ISORA	32
ORUI	36

Viele der berühmtesten Geister Japans sind weiblich. Diese Ladies sind „femme fatale", mit Betonung auf „fatale"!

Die schaurig Schönen: 01
OIWA

Japanischer Name: 於岩
Ursprung: Yotsuya Kaidan („Der Schrecken der Yotsuya")
Geschlecht: Weiblich
Todesjahr: 1636
Todesalter: In den frühen Zwanzigern (geschätzt)
Todesursache: Suizid
Geistertyp: Onryo
Merkmale: Rechte Gesichtshälfte entsetzlich vernarbt; kahle Stellen, Haare fallen büschelweise aus; gelegentlich mit nur einem Auge dargestellt
Ort der Bestattung: Myogyo-ji Friedhof, Tokio
Schauplatz des Spuks: Tokio
Attacke: Ständige Manifestationen. Provokation von Verletzungen, die ihren eigenen ähnlich sind.
Existenz: Basiert zum Teil auf wahren Begebenheiten
Gefahrenstufe: Extrem hoch

Hintergrund

Zweifellos der berühmteste Geist, über den in diesem Buch berichtet wird. Seit mehr als einem Jahrhundert ist sie ein übernatürlicher Superstar und hat Legionen von Nachahmern inspiriert – zuletzt Sadako aus der erfolgreichen J-Horror-Roman- und Filmreihe „The Ring". Zweifellos sind ihre zerzausten Haare und ihr zerstörtes Gesicht das erste, woran viele Japaner denken, wenn sie das Wort „Yurei" hören.

Geschichte

Stimmige Zusammenfassungen der Geschichte von Oiwa sind rar. Lies weiter und du wirst verstehen, warum. Ihr berühmtestes Stück, das „Kabuki Tokaido Yotsuka Kaidan" von 1825, enthält in wenigen Stunden mehr Wendungen als eine moderne Netflix-Serie in einer ganzen Staffel.

Oiwa ist mit Iyemon, einem in Ungnade gefallenen Samurai, verheiratet. Nachdem sich das Paar wieder einmal gestritten hat, nimmt Oiwas Vater sie mit nach Hause. Iyemon arrangiert ein privates Treffen, um Vergebung zu erbitten, aber Oiwas Vater enthüllt Beweise dafür, dass Iyemon Geld aus seinem früheren Regierungsauftrag gestohlen hat. Wütend ersticht Iyemon Oiwas Vater.

Oiwas Schwester Osode ist glücklich verheiratet mit einem treuen Mann namens Yomoshichi. Aber Naosuke, der Medizinhändler aus der Nachbarschaft, ist heimlich in Osode verliebt. Durch einen Zufall, wie er nur im Kabuki vorkommt, wählt Naosuke genau diese Nacht aus, um seinen Rivalen zu ermorden.

Als Oiwa und Osode über die entsprechenden Szenen stolpern, überzeugen Iyemon und Naosuke die beiden, dass die Opfer bei Raubüberfällen getötet wurden. Sie trösten die Damen mit dem Versprechen, dass sie sich an den Übeltätern rächen werden. Und so geht das Leben weiter: Iyemon und Oiwa sind wieder vereint, und Naosuke kann Osode den Hof machen.

Doch der launische, untreue Iyemon verliert nach der Geburt des gemeinsamen Kindes schnell das Interesse an Oiwa und richtet seine amourösen Aufmerksamkeiten auf Ume, die Tochter eines hochrangigen Regierungsbeamten. Aus Frustration über seinen Ehestand besticht Iyemon einen Masseur, um seine Frau zu verführen und so einen Scheidungsgrund vorzutäuschen.

In der Zwischenzeit nimmt Ume die Sache selbst in die Hand und schickt

Oiwa ein kleines Geschenk zur Geburt des Kindes: ein starkes Gift, getarnt als Salbe für Oiwas Gesicht.

Das Gift zeigt seine Wirkung: Die Haut löst sich von Oiwas Gesicht und ihr Haar fällt büschelweise aus, so dass sie entsetzlich entstellt ist. Der Masseur kann sich nicht dazu durchringen, die Frau zu verführen, und lässt Ieymons Intrige auffliegen, während Oiwa ihr zerstörtes Gesicht im Spiegel betrachtet.

Sie begeht Selbstmord, während sie einen Fluch auf die Seele des Mannes ausruft, der ihr Unrecht getan hat. Iyemon antwortet, indem er ihre Leiche und die eines Polizisten (den er ebenfalls tötete, nachdem der Mann wegen eines bestimmten Fläschchens mit Gift herumschnüffelt ...) an eine Tür nagelt und sie in den Kanda-Fluss wirft, um es so aussehen zu lassen, als seien die beiden bei einem gemeinsamen Suizid gestorben.

Iyemon macht sein Ding, auf dem Cover eines Kabuki-Programms von 1925

Der Angriff

In der Hochzeitsnacht von Iyemon und Ume wandelt sich das Geschehen von „Seifenoper" zu „Gruselfilm", als Oiwas wütende Erscheinung in der Hochzeitssuite auftaucht, was Iyemon dazu veranlasst, wild um sich zu schlagen und versehentlich seine Braut zu töten. Auf dem Flur bringt ihn eine weitere Erscheinung dazu, versehentlich Umes Vater zu erschlagen. Verfolgt von den übrigen Hausbewohnern, schleudert er Umes Mutter und ihren Diener in einen Kanal, in dem sie ertrinken.

In der Zwischenzeit erfüllt sich Naosukes Wunsch, als Osode zustimmt, mit ihm zu schlafen. Doch kaum sind die beiden im Bett, taucht Yomoshichis Geist im Zimmer auf. Naosuke ringt mit dem Phantom und tötet dabei versehentlich Osode.

Und in einer weiteren Wendung stellt sich heraus, dass sie niemand anderes als seine verschollene Schwester war! Schockiert begeht Naosuke Selbstmord.

Iyemon wird weiterhin mit der entstellten Gestalt seiner toten Frau konfrontiert; sie erscheint überall, sogar als Gesicht auf einer Lampe. Er flüchtet und versucht, später etwas Essbares zu angeln, doch stattdessen findet er die Tür, die er zuvor in den Fluss geworfen hatte und die noch immer mit den nun grausam verrottenden Leichen seiner Opfer behängt ist. Er flieht weit, weit weg auf einen Berg namens Schlangenberg, doch es gelingt ihm nicht, Oiwa abzuschütteln. Sie taucht immer wieder auf, überall. Schlussendlich versucht er, Suizid zu begehen, doch Oiwas Geisterhand hält die Klinge immer wieder auf.

Iyemon, zu diesem Zeitpunkt ein totales Wrack, hat endlich Glück, als Yomoshichi auftaucht und ihn aus seinem Elend befreit. Das ist ein wunderschönes Happy End ... Zumindest, wenn man ein wütender Geist ist.

Wie du überlebst

Wenn Oiwa hinter dir her ist, steckst du in großen, großen Schwierigkeiten. Trotz der Tatsache, dass sie angeblich eine fiktive Figur ist, glaubt man, dass sie heute noch genauso mächtig und gefährlich ist wie damals. Aber du kannst dich mit der Tatsache zufriedengeben, dass Oiwa ihre Opfer nicht tot sehen will – sie will ihnen nur das Leben zur Hölle machen.

Unbestätigten Berichten zufolge wurden diejenigen, die sich mit ihrer Geschichte befassten, verletzt – oft diejenigen, die sie in Kabuki-Produktionen darstellten, aber auch die Darsteller und die Crews von Fernsehen und Film. Aus diesem Grund ist es üblich, dass alle, die an einer Produktion von Yotsuya Kaidan beteiligt sind, Oiwas Grab im Myogyo-ji-Tempel im Sugamo-Viertel von Tokio besuchen, um ihr ihren Respekt zu erweisen.

Du willst eine zusätzliche Versicherung? Das ist kein Problem. Besuche den Tamiya-Schrein, der sich an der Stelle von Oiwas Familienhaus in Yotsuya befindet. Gegen eine Gebühr führt der Priester dort eine maßgeschneiderte Shinto-Exorzismus-Zeremonie durch, um alle Verbindungen zu Oiwas ewig wütendem Geist zu kappen.

Analyse

Für seine Darstellung von Oiwa in der Kabuki-Inszenierung von Yotsuya Kaidan aus dem Jahr 1825 kombinierte der Dramatiker Tsuruya Nanboku Elemente aus mehreren echten Mordfällen (in einem dieser Fälle wurden tatsächlich ein Samurai, seine Frau und ihr Liebhaber an eine Tür genagelt).

Innerhalb der nächsten Jahre starben fünf Personen, die mit dem Stück in Verbindung standen, unter mysteriösen Umständen – darunter auch Nanboku. Fluch oder Zufall? Du entscheidest.

Kenne deine Lampe

Oiwas Erscheinung als Lampe wird leicht mit dem sehr ähnlich aussehenden Yokai Burabura oder Bakechochin verwechselt (siehe „Yokai-Survival-Guide"). Der Schlüssel zur Unterscheidung: Achte auf die Haare. Yokai-Lampen haben in der Regel keine.

KEINE SORGE, WIR HABEN DAS AUCH GEMACHT!

In diesem Farbholzschnitt von 1831 von Hokusai sieht man die berühmteste Darstellung von Oiwa, die oft mit einer Burabura-Lampe verwechselt wird.

Die schaurig Schönen: 02
OKIKU

Japanischer Name: お菊
Ursprung: „Bancho Sarayashiki", 1741
Alias: Der Geschirr zählende Geist
Geschlecht: Weiblich
Todesjahr: Unterschiedlich, frühes 15. oder 16. Jahrhundert
Todesalter: In den Zwanzigern
Todesursache: Mord
Geistertyp: Onryo
Merkmale: Scheinbar normales Aussehen, Stimme/Erscheinung kann sich in einem Brunnen manifestieren
Schauplatz des Spuks: Unterschiedlich, inkl. Himeji und Edo
Attacke: Unaufhörliches Zählen
Existenz: Wir schätzen fiktiv
Gefahrenstufe: Niedrig

Hintergrund

Brunnen, insbesondere verlassene, gelten auf der ganzen Welt als unheimliche Orte – sie sind dunkel, sie sind feucht, sie sind tief und sie sind möglicherweise voller gruseliger Krabbeltiere. Doch in japanischen Schreckenserzählungen genießen sie eine besondere Bedeutung. Sogar moderne Werke wie „The Ring" von Koji Suzuki oder „Mister Aufziehvogel" von Haruki Murakami stellen Brunnen als Kanäle übernatürlicher Aktivitäten dar. Während die folgende Geschichte nicht das erste Beispiel eines gruseligen Brunnens in der japanischen Folklore ist, ist sie zweifellos das bekannteste.

Geschichte

Vor langer Zeit gab es in der Provinz Harima eine schöne Frau namens Okiku. Sie arbeitete als Dienstmädchen für einen Samurai namens Aoyama Tessan, einen Vasallen der Familie, die die Provinz von ihrem Herrschaftssitz in der Burg Himeji aus regierte. Tessan träumte davon, die Provinz selbst zu regieren, und schmiedete einen Plan, um den Burgherrn auf einer Party zu vergiften. Doch die Nachricht von dem Plan gelangte an den Burgherrn und zwang Tessan, die Verschwörung aufzugeben.

Obwohl niemand Tessans Rolle ahnte, wusste der Lord, dass sich ein Verräter in der Nähe befinden musste. Also befahl er seiner rechten Hand Danshiro, den Maulwurf aufzudecken. Danshiro dachte, dass Okiku schuld war, und hier verschärft sich die Handlung. Danshiro hegte schon lange eine unerwiderte Liebe für sie. Als er sie konfrontierte, bot er ihr an, ihre Beteiligung zu vertuschen, wenn sie zustimmen würde, seine Geliebte zu sein. Okiku weigerte sich. Und so heckte Danshiro einen eigenen Plan aus: Er versteckte einen von 10 unschätzbar wertvollen Erbstücktellern und beschuldigte dann öffentlich Okiku, ihn verloren zu haben. Dadurch durfte er quasi machen, was er wollte, und tötete sie vor lauter Wut. Danach warf er ihren gefesselten Körper in einen Brunnen.

Von da an konnte man jede Nacht aus dem Brunnen ein gespenstisches Zählen wahrnehmen: Eine Stimme, die langsam immer wieder bis neun zählte. Schließlich flog der gesamte Komplott auf und Tessans Tod wurde angeordnet.

Es gibt eine andere Version der Geschichte, die in Edo spielt. In dem Viertel der Stadt, in dem höherrangige Diener des Shoguns lebten, befand sich ein Herrenhaus, das Lord Aoyama, dem Vertreter der Provinz Harima, gehörte. Aoyama war mit einem kostbaren Familienerbstück in Edo angekommen – einem Satz von zehn unschätzbar wertvollen Delfter Tellern aus den Niederlanden. Als seine ungeschickte junge Dienerin Okiku achtlos einen der Schätze fallen ließ und zerschmetterte, reagierte der wütende Aoyama, indem er ihr als Strafe für den verlorenen Teller den Mittelfinger abschnitt und sie im Kerker des Herrenhauses einsperrte. Es gelang ihr, sich zu befreien und um weiteren Misshandlungen zu entgehen, stürzte sie sich in einen Brunnen.

Yoshitoshis Porträt einer Erscheinung von Okiku über einem Brunnen, 1890.

Der Angriff

Egal welche Version, Okikus Manifestationen folgen immer dem gleichen Muster: Nacht für Nacht ertönt bis zum Morgengrauen eine unheimliche Stimme aus dem Brunnen, die langsam von eins bis neun zählt.

Im Fall von Aoyama nahmen die Dinge eine noch unheimlichere Note an, als seinem ersten Kind bei der Geburt ein Mittelfinger fehlte.

Wie du überlebst

Als Aoyama erkannte, dass dies kein normaler Spuk war, rief er den Abt des örtlichen Tempels, um über dem Brunnen heilige Sutren zu lesen. Doch das Zählen ging unvermindert weiter. Eines Nachts rief der Abt, vielleicht aus reiner Frustration, am Ende einer weiteren Aufzählung Okikus „Zehn!".

„Endlich!", ertönte die Stimme aus dem Brunnen und verschwand. Das ist einfach. Sollte sich ein zählender Geist in deinem Brunnen niederlassen, geh einfach wie folgt vor:

a) Beiß die Zähne zusammen und höre ihr zu.

b) Ruf im richtigen Moment die Ziffer die logischerweise als nächstes folgt.

c) Gratuliere dir zu einem besänftigten Geist.

Wenn das oben Genannte nicht funktioniert:
d) Versuche umzuziehen.

Analyse

Die körperliche Erscheinung scheint niemanden zu bedrohen, aber das eigentliche Problem ist auch nicht der Geist. Es ist die

Art und Weise, wie sie gestorben ist. Okiku ist im Wesentlichen eine Stellvertreterin für jeden Diener, der von einem Herrn misshandelt wurde, und eine Warnung an die Mächtigen, diejenigen, die unter ihnen stehen, stets mit Respekt zu behandeln. Während das Rufen „Zehn" am Ende von Okikus Zählung dazu führte, dass sie verschwand, kann die Spur, die sie bei Aoyamas Sohn hinterlassen hat, als Symbol für die Auswirkungen der Gewalt über Generationen hinweg angesehen werden.

Eine schlangenartige Kreatur mit einem Körper aus Tellern, die einen geisterhaften Atem ausstößt. Hokusai, 1830.

Trivia

Okiku-Mushi: Die Seuche im Jahr 1795

1795 schlüpfte eine Art schwarzer Schwalbenschwanzschmetterling, bekannt als Shako-Ageha, in großer Zahl. Die daraus entstandenen Kokons füllten die Wände von Brunnen im gesamten Harima-Gebiet. Die verpuppten Insekten, die in der Dunkelheit an Netzfäden hingen, die winzigen Seilen ähnelten, erinnerten an die Qualen, die die junge Okiku erlitten hatte, und die Einheimischen nannten sie Okiku-Mushi – „Okiku-Käfer". Der Spitzname blieb bis heute bestehen.

Das einzig Wahre?

Der Chokyuji-Tempel in der Stadt Hikone in der Präfektur Shiga besitzt eine Reihe von Tellern, die angeblich Okiku gehörten. Die Geschichte besagt, dass ihre Mutter sie dem Tempel geschenkt hatte, damit die Priester einen Kuyo (Bestattungsritus) an ihnen durchführen und die Verbindung ihrer Tochter zu ihnen lösen konnten. Heute sind nur noch sechs Exemplare des ursprünglichen Sets übrig.

Ein ausgewachsener Okiku-Mushi

Die schaurig Schönen: 03
OTSUYU

Japanischer Name: お露
Ursprung: Botan Doro („Die Pfingstrosenlaterne")
Geschlecht: Weiblich
Übersetzung des Namens: „Morgentau"
Todesalter: 16 oder 17
Todesursache: Herzschmerz
Merkmale: Oberflächlich betrachtet eine normal aussehende junge Frau, die eine Pfingstrosenlaterne trägt (siehe unten). Oft in Begleitung einer Dienerin, Oyone
Ort der Bestattung: Shin-Banzuin Friedhof, Tokio
Schauplatz des Spuks: Nezu, Tokio
Attacke: Liebeslust
Existenz: Wir schätzen fiktiv
Gefahrenstufe: Mittel

Hintergrund
Neben Oiwa (S. 16) und Okiku (S. 20) gehört sie zu den „großen drei" berühmten Geistern Japans. Doch im Gegensatz zu Oiwas wütenden Vergeltungsmaßnahmen ist Otsuyus Geschichte sehr gefühlvoll.

Geschichte
Als Tochter eines Hatamoto, eines hochrangigen Samurai des Shoguns, war das Schicksal der schönen jungen Otsuyu besiegelt, als sie zufällig einen herrenlosen Ronin namens Hagiwara Shinzaburo kennenlernte. Für beide Seiten war es Liebe auf den ersten Blick, aber ein niederer Ronin könnte niemals um die Hand der Tochter eines Hatamoto anhalten – schon gar nicht von Otsuyus Vater, einem notorisch strengen Kerl mit dem üblen Ruf, jeden aufzuspießen, der ihm nicht gefällt.

Wochen- und monatelang flehte Shinzaburo den Arzt aus der Nachbarschaft, der die beiden einander vorgestellt hatte, an, ihn bei einem weiteren Besuch bei Otsuyu zu begleiten. Doch der Arzt merkte, dass die Kugel, die er ins Rollen gebracht hatte, ihn bald selbst überrollen würde und verneinte.

Aus Sehnsucht nach der wahren Liebe, von der sie glaubte, dass sie sie verlassen hatte, begann Otsuyu zu verkümmern und starb, kurz darauf gefolgt von ihrer untröstlichen Magd Oyone.

Als Shinzaburo von Otsuyus frühem Tod erfuhr, kannte sein Kummer keine Grenzen. Er schrieb ihren Namen auf eine Gedenktafel und brachte ihr täglich Opfergaben dar. Als im Sommer Obon, das Fest der Toten, anstand, legte er Essen und Laternen vor die Tafel und bereitete sich auf eine weitere Nacht vor, in der er um die verlorene Liebe trauerte.

Kaum hatte Shinzaburo die Laternen angezündet, hörte er das Klacken hölzerner Gettas auf der Straße vor seinem Haus. Als er ein Fenster öffnete, erblickte er ein Paar schöner Damen. Die jüngere der beiden, offenbar eine Dienerin, beleuchtete den Weg mit einer Pfingstrosenlaterne. Shinzaburo rieb sich die Augen. Konnte das sein? Es war kein Zweifel: Es waren Otsuyu und ihr Dienstmädchen!

„Ich dachte, du wärst tot!", weinte er.

„Und ich dachte du!", antwortete Otsuyu ebenso erstaunt.

Shinzaburo lud die beiden kurzerhand in sein Haus ein, wo das Trio herausfand, wie beide Seiten getäuscht worden waren, um sie voneinander fernzuhalten. Sie schmiedeten die ganze Nacht hindurch Pläne und trennten sich bei Tagesanbruch mit

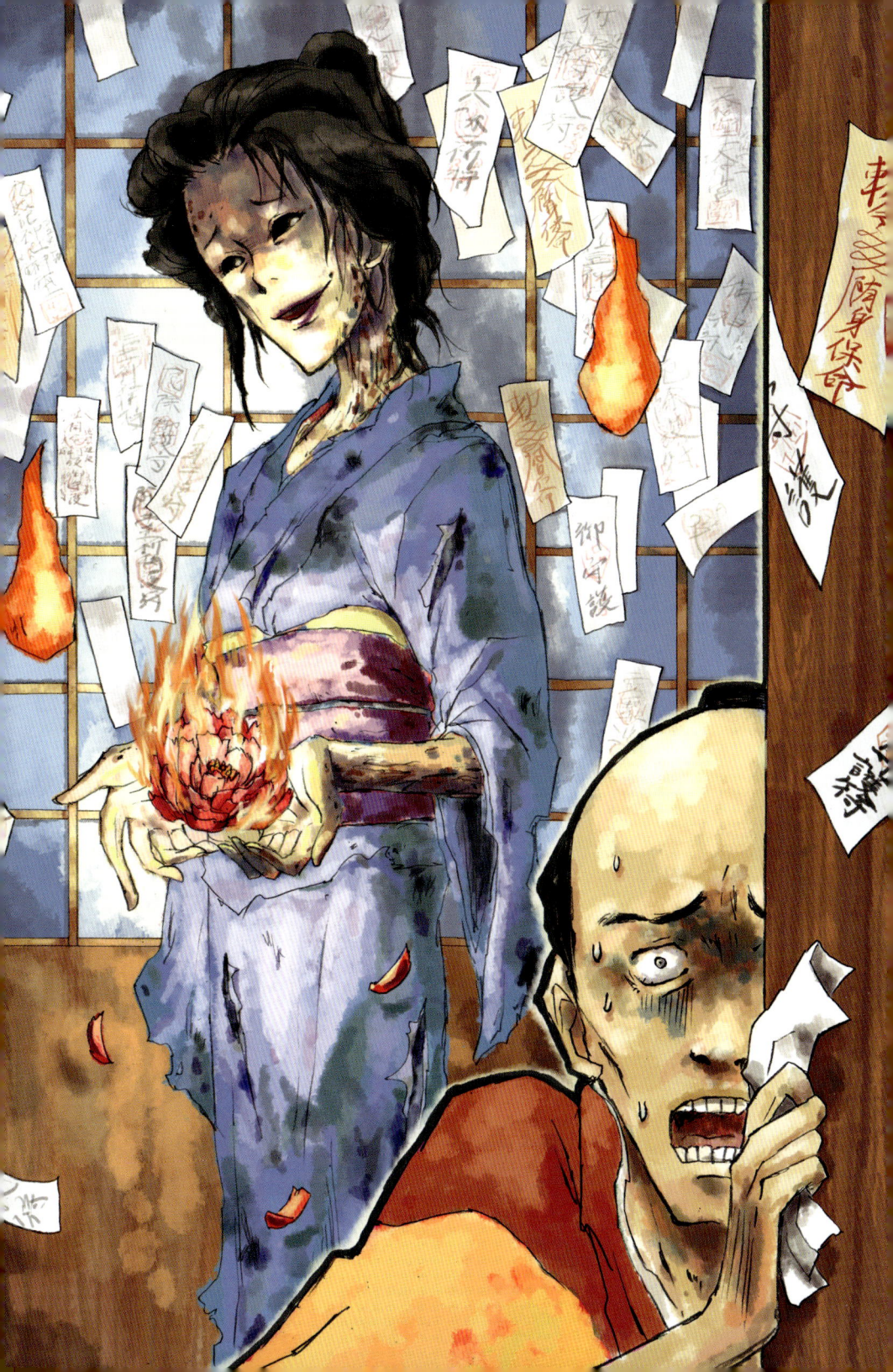

dem Versprechen, dass sie sich bald nicht mehr trennen würden. Sieben Nächte lang – immer nachts – kehrten Otsuyu und ihre Dienerin zurück, um ihre Pläne zu festigen.

Shinzaburos Nachbar, ein Wahrsager, hörte das regelmäßige Mitternachtsgeplapper und wurde misstrauisch. Er spähte durch einen Spalt in der Wand in Shinzaburos Haus. Was er sah, erschreckte ihn bis ins Mark. Denn Shinzaburo unterhielt sich angeregt mit zwei vertrockneten Leichen, deren Kimono fleckig und zerfleddert war und in deren Augenhöhlen Löcher klafften.

Am nächsten Tag konfrontierte der Wahrsager Shinzaburo, der widerwillig seine Pläne gestand. Aber er weigerte sich zu glauben, was der Wahrsager ihm über Otsuyus wahre Gestalt erzählte. Nach langem Hin und Her überredete er Shinzaburo zu einem Überraschungsbesuch in dem Viertel, in dem Otsuyu angeblich wohnte. Shinzaburo ging von Tür zu Tür und fragte nach den beiden, aber die Nachbarn behaupteten, sie wüssten nicht, dass dort junge Frauen lebten. Auf seinem Heimweg nahm Shinzaburo eine Abkürzung über den örtlichen Friedhof am Shin-Banzuin-Tempel, und da entdeckte er sie: nicht die Mädchen, sondern ein Paar frische Grabzeichen mit den Namen „Otsuyu" und „Oyone".

Der verängstigte Shinzaburo eilte zurück und konsultierte den Abt seines örtlichen Tempels, der ihm geweihte Ofuda-Talismanzettel verschrieb, die er über jede Öffnung seines Hauses kleben sollte, um die Geister fernzuhalten. Trotz seiner Gefühle für Otsuyu wusste Shinzaburo, dass er keine andere Wahl hatte, als dem Befehl zu folgen. Nacht für Nacht versuchte er verzweifelt, die herzzerreißenden Schreie von Otsuyu und Oyone zu ignorieren, die abwechselnd wütend und jämmerlich jenseits seiner Mauern ertönten.

In ihrer Verzweiflung, ihrer Herrin zu helfen, bedrohte die geisterhafte Oyone Shinzaburos Diener, ein Ehepaar, das dem Ronin lange gedient hatte. Da ihr eigenes Schicksal auf dem Spiel stand, verhandelte das Ehepaar mit dem Geist und forderten 100 Ryo, eine erstaunliche Summe, als Gegenleistung für den Verrat ihres Herrn.

Der Rest ist bekannt. Es ist nicht klar, wie oder woher Oyone das Geld bekommen hat, aber sie hat es bekommen, und Shinzaburos verräterische Diener schälten einen Ofuda aus einem Riss in der Wand des Hauses.

Am nächsten Morgen wurde Shinzaburo tot in seinem Schlafgemach aufgefunden – sein Gesicht eine Fratze des Schreckens, und neben ihm das Skelett einer längst verstorbenen Frau, die ihre Arme in einer letzten, ewigen Umarmung um seinen Hals geschlungen hatte. Auf Geheiß des Abtes, den er zuvor konsultiert hatte, wurde Shinzaburo neben Otsuyu und Oyone begraben.

Der Angriff

Das Märchen von der Pfingstrosenlaterne ist ein Produkt einer vornehmeren Ära, und es wird nicht genau gesagt, was sich in den Mauern (genauer gesagt im Schlafzimmer) von Shinzaburos Haus zugetragen hat, aber man kann es erahnen.

Wie du überlebst

Otsuyus Schicksal war untrennbar mit dem ihres Geliebten verbunden. Sein Tod befreite sie von ihren Fesseln auf dieser irdischen Ebene. Auch wenn du Otsuyu selbst nie begegnen wirst, ist die unerwiderte Liebe heute nicht weniger mächtig als im mittelalterlichen Japan. Falls du dich in einer ähnlichen Situation befindest, solltest du dir ein Beispiel an Otsuyus Geschichte nehmen und dich mit geweihten Ofuda eindecken (zur Vereinfachung haben wir Beispiele auf S. 188 beigefügt). Das Anbringen dieser Talismane an Türöffnungen, Fensterrahmen und über potenziellen Eingängen ist eine altbewährte Methode, um alle Arten von Bösewichten aus dem eigenen Heim fernzuhalten. Solange sie angebracht sind, bist du sicher.

Ein Wort der Warnung für frustrierte Teenager und/oder abenteuerlustige Menschen: Der Geisterbeschwörer Lafcaido Hearn sagte: „Der Geist der Lebenden ist positiv, der andere negativ. Derjenige, dessen Braut ein Geist ist, kann nicht leben." (Zur Erinnerung: Shinzaburo ist nicht umsonst mit keinem Lächeln im Gesicht gestorben.)

Literatur

Das Märchen von der Pfingstrosenlaterne erschien erstmals in „Otogiboko", einer Sammlung von Kurzgeschichten des buddhistischen Mönchs und Schriftstellers Asai Ryoi aus dem Jahr 1666, die aus Adaptionen alter chinesischer Märchen bestand, die für ein (damals) modernes japanisches Publikum überarbeitet wurden.

Obwohl Otsuyus Geschichte sehr bekannt war, wurde sie erst 1884 zu einer Rakugo-Aufführung – einer Art Ein-Mann-Show – weiterentwickelt. Dies führte 1892 zu einer Kabuki-Version, deren Aufführung zufällig von dem einzigartigen Hearn gesehen wurde, der die Geschichte in „Leidenschaftliches Karma" umbenannte und sie 1899 in sein Buch „In Ghostly Japan" aufnahm.

Yoshitoshis Interpretation von „Botan Doro" aus seiner Serie 36 Geister, die Otsuyu mit Oyone zeigt, die eine Pfingstrosenlaterne trägt.

Trivia

Pfingstrosenlaternen sind eine alte Form der Beleuchtung, die einst während des Obon-Festes verwendet wurde. Sie wurden so benannt, weil an ihrer Spitze künstliche Pfingstrosenblüten angebracht sind.

Die schaurig Schönen: 04
LADY ROKUJO

Japanischer Name: 六条御息所
Ursprung: Die Geschichte vom Prinzen Genji, ca. 1001
Geschlecht: Weiblich
Todesdatum: Keiner
Todesalter: Unbekannt
Todesursache: Unbekannt
Geistertyp: Ikiryo
Merkmale: Unbekannt
Schauplatz des Spuks: Schlafzimmer der Lady Aoi
Attacke: Auslösen von Krankheiten
Existenz: Fiktiv
Gefahrenstufe: Hoch

Hintergrund

Geister repräsentieren nicht immer die Seelen der Toten. Ein Beispiel ist Lady Rokujo, eine hochrangige Kurtisane am kaiserlichen Hof der Heian-Ära, vor 1000 Jahren. Sie war die Quelle eines äußerst seltenen und recht gefährlichen Phänomens, das als Ikiryo bekannt ist – ein Gefühl des Grolls, das so stark ist, dass es sich vom menschlichen Körper trennt, um seine Opfer zu verfolgen, oft ohne das Bewusstsein oder die Zustimmung des Besitzers.

Geschichte

Die Geschichte von Lady Rokujo ist eine der berühmtesten Episoden aus „Geschichte vom Prinzen Genji", einem belletristischen Werk aus dem 11. Jahrhundert, das von vielen Gelehrten als der erste moderne Roman der Welt angesehen wird.

An den kaiserlichen Höfen des heianischen Japans waren Diskretion und die Kontrolle der eigenen Gefühle für den Adel von größter Bedeutung. Dies galt sogar für romantische Affären, die im Verborgenen stattfanden, wobei Mann und Frau durch einen Sichtschutz getrennt waren und zunächst fast ausschließlich durch den Austausch von Gedichtzeilen miteinander kommunizierten. Sogar das Ende einer Beziehung folgte einem vorgeschriebenen Ablauf: Der Mann sollte früher oder später zu einer anderen Eroberung weiterziehen und die Frau seine Abreise stillschweigend dulden. Da die menschliche Natur so ist, wie sie ist, verliefen die Dinge nicht immer nach dem Protokoll. Rokujo, die mit dem Kronprinzen verheiratet war, war nur eine Haaresbreite davon entfernt, Kaiserin von Japan zu werden. Doch der frühe Tod ihres Mannes brachte Lady Rokujo im Alter von 27 Jahren (nach damaligen Maßstäben eine alte Schachtel) um ihren erhabenen Status und ins gesellschaftliche Fegefeuer. Dann ließ sie sich auf eine stille, aber heiße Affäre mit einem jüngeren Mann ein: dem legendären Playboy Hikaru Genji.

Obwohl er ein Frauenheld war, ließ sich Genji schnell von Rokujos Schönheit, Witz und Eleganz mitreißen, und sie führten eine Weile eine diskrete, wenn auch nicht ganz geheime Beziehung. Doch Genji, ein aufstrebender Star am kaiserlichen Hof, sah sich zunehmend mit offiziellen (Teilnahme an Zeremonien) und inoffiziellen (Betreuung seiner Beziehungen zu Hofdamen) Pflichten belastet. Und zu allem Überfluss versöhnte er sich auch noch mit seiner rechtmäßigen Ehefrau, der Lady Aoi, die nun mit seinem Kind schwanger war. Lady Rokujo hatte bereits einen langsamen Verfall erlebt. Doch als ein Mitglied von Aois Gefolge sie in der Öffentlichkeit „beleidigte", entlud sich Rokujos Groll. Im wahrsten Sinne des Wortes.

Der Angriff

Nacht für Nacht versank Lady Rokujo in Träumen, die sich in einem sich wiederholenden Albtraum auflösten. In diesen Träumen schwebte sie über der schlafenden Lady Aoi, sie packte Aoi brutal am Arm und drängte sie gegen die Wände ihres Schlafzimmers, schlug und peitschte sie, in Anfällen von Gewalt, die ihrem zurückhaltenden Ich völlig fremd waren.

Das waren keine gewöhnlichen Träume. Aoi wurde tatsächlich krank, legte sich für den Rest ihrer Schwangerschaft ins Krankenbett, weinte untröstlich und erlitt Erstickungsanfälle. Sie klagte, dass „etwas Außerirdisches" in sie eingedrungen sei. Die besten Exorzisten, die man für Geld kaufen konnte, ahnten, dass eine gewaltige Ansammlung von Bosheit wie eine Plage über ihre Seele hereingebrochen war, aber sie waren machtlos, sie zu stoppen. Das Erfolgversprechendste, was sie tun konnten, war, eine Séance zwischen Genji und dem Geist, der Aoi bewohnte, zu arrangieren, in der Hoffnung, dass er seinen Zorn besänftigen konnte.

Wie du überlebst

Der heimtückischste Aspekt des Ikiryo ist, dass die Person die es erzeugt, sich oft gar nicht bewusst ist, welche fatalen Auswirkungen ihre Eifersucht auf andere hat. In diesem Fall ist es ein Glück, dass Rokujo ihre Träume mit den Leiden Aois verband und dass sie im Grunde ihres Herzens eine gute Frau war. Trotz der Demütigungen, die sie erlitten hatte, wünschte Rokujo Genjis Frau oder Kind wirklich keinen körperlichen Schaden. Sie konzentrierte sich ganz darauf, ihren Geliebten aus ihren Gedanken zu verbannen – kein leichtes Unterfangen, wie jeder weiß. Rokujo hatte zwar nicht wirklich Erfolg, aber die Anstrengung in Verbindung mit der Séance bewirkte, dass das Ikiryo seine Macht verlor. Obwohl Aoi anschließend einen gesunden Jungen zur Welt brachte, führte die Kombination aus Schwangerschaft und psychischem Angriff leider dazu, dass sie einige Tage später eines natürlichen Todes starb.

Glücklicherweise sind Ikiryo-Angriffe außerordentlich selten. Sie können nicht willkürlich oder durch reinen Hass ausgelöst werden; im Fall von Lady Rokujo bedurfte es des psychologischen „Zünders" der Verlassenheit und der enttäuschten Liebe, die durch eine Beleidigung entfacht wurde, um ihre Existenz zu entfachen. Wenn du glaubst, dass du oder jemand, den du liebst, unter einem Angriff eines Ikiryo leidet, ist die beste Lösung, zu überlegen, wem du Unrecht getan haben könntest, und einen Weg zu finden, das Problem zu lösen. In „Geschichte vom Prinz Genji" wird das Ikiryo sowohl als Schuld von Genji als auch von der Frau dargestellt, die es unwissentlich hervorgebracht hat.

Englische Übersetzung von „Die Geschichten vom Prinzen Genji"

Aoi war vielleicht nicht das einzige Opfer von Lady Rokujos Ikiryo. Ein Mädchen namens Yugao („Mondblume"), eine weitere Freundin Genjis, starb ebenfalls unter mysteriösen Umständen. Yoshitoshi, 1886.

Trivia

Ikiryo sind eine sehr problematische Art von Geistern, in vielerlei Hinsicht sogar noch mehr als die Geister der Toten. Sie sind eine extreme Manifestation eines allzu häufigen menschlichen Fehlers: Groll zu hegen. Die negative Energie und die Handlungen, die aus dem Groll resultieren, sind eine starke Kraft. Die Bekämpfung des Hasses und der Negativität, die einen Ikiryo antreibt, ist eine weitaus schwierigere Aufgabe als die Durchführung der Maßnahmen die erforderlich sind, um die Geister der Toten zu exorzieren.

Es gibt eine mögliche faszinierende Verbindung zwischen Ikiryo und den als Nukekubi bekannten Yokai (siehe „Yokai-Survival-Guide"). Nukekubi sind weibliche Kreaturen, deren Köpfe sich von ihren Körpern abtrennen und aus eigenem Antrieb fliegen. Einigen Theorien zufolge waren diese Yokai einst normale Frauen, die durch jahrelanges Unterdrücken ihrer Gefühle für einen anderen die Kontrolle über ihren Kopf verloren haben, der sich auf der Suche nach ihrer unerwiderten Liebe in die Lüfte erhebt. In diesen Fällen ist es eher die Verliebtheit als der Hass, der die Verwandlung auslöst.

Die schaurig Schönen: 05
ISORA

Japanischer Name: 磯良
Ursprung: „Der Kessel von Kibitsu" aus Ugetsu Monogatari
Geschlecht: Weiblich
Todesjahr: ca. 1700s
Todesalter: 18?
Todesursache: Herzschmerz
Merkmale: Eine frühere Schönheit, geisterhaft, versunkene Augen, fahle Haut, wildes Haar
Ort der Bestattung: Präfektur Okayama
Schauplatz des Spuks: Arai-Dorf (heute Takasago), Präfektur Hyogo
Attacke: Erscheinungen, brutale Vergeltung, Verschleppung von Menschen, Haarentfernung
Existenz: Fiktiv
Gefahrenstufe: Hoch (wenn du mit ihr verheiratet bist)

Hintergrund

Isora hat vielleicht nicht den Bekanntheitsgrad anderer geisterhafter Femme fatales wie Okiku und Oiwa, aber glaub uns, mit diesem Geist ist nicht zu spaßen. Die Geschichte von Isora ist ein warnendes Beispiel. Hinter dem Rücken des Ehepartners herumzualbern ist eine Sache. Aber manche Betrügereien sind so ungeheuerlich, dass die einzige Möglichkeit, das Kriegsbeil zu begraben, im Hinterkopf des Täters liegt.

Geschichte

Vor langer Zeit lebte in einem weit entfernten Dorf ein junger Mann namens Shotaro. Er war der Sohn eines Bauern, der sehr hart arbeitete und ein kleines Vermögen aufgebaut hatte, aber er war ganz und gar nicht wie sein Vater. Anstatt früh aufzustehen und die Felder zu bestellen, blieb Shotaro lange weg, trank Sake und feierte mit den Mädchen des Dorfes. Schließlich waren seine Eltern so genervt, dass sie einen Heiratsvermittler engagierten. Sie hofften, wenn sie nur die perfekte Frau für ihren Sohn finden könnten, würde er sich vielleicht von seinem wilden Verhalten abwenden. Also sagten sie der Heiratsvermittlerin, sie solle bei ihrer Suche keine Kosten scheuen.

Sie suchte lange und intensiv, bevor sie schließlich mit einem Match zurückkam. Isora, die 17-jährige Tochter des Oberpriesters eines nahegelegenen Schreins. Als sie hörten, wie wohlhabend Shotaros Familie war, waren sie überglücklich. Die Familien trafen sich und legten einen Hochzeitstag fest.

Da er ein Priester war, beschloss Isoras Vater, eine geheime Zeremonie durchzuführen, um das Glück des Paares zu bestimmen: das Kibitsu-Kessel-Ritual. Er versammelte die Schreinmädchen, brachte den Göttern heilige Opfergaben dar und kochte Wasser in einem heiligen Holzkessel. Wenn die Zukunft von Shotaro und Isora rosig war, gab der Kessel einen tiefen Ton von sich, wie das Wiehern einer Kuh. Aber der Kessel machte überhaupt keinen Ton. Sogar die Insekten draußen hörten auf zu zwitschern.

Shotaro und Isora richteten sich in ihrem neuen Eheleben ein. Zunächst war alles großartig. Isora war eine hervorragende Harfenspielerin und unterhielt die Familie mit Auftritten.

Sogar Shotaro schien ein neues Kapitel aufzuschlagen, denn er blieb zu Hause und lauschte den Gedichten, die seine treue Frau für ihn verfasste.

Doch was Hänschen nicht lernt, lernt Hans nimmermehr. Er begann eine schlecht verheimlichte Affäre mit einer Prostituierten namens Sode und war so vernarrt in sie, dass er sie sogar aus ihrem Vertrag herauskaufte und ihr ein privates Liebesnest einrichtete. Je öfter Isora ihm sagte, er solle mit seinen schäbigen Spielen aufhören, desto länger blieb er von zu Hause weg. Shotaros Verhalten brachte sogar seine eigenen Eltern in Verlegenheit. Sie verboten ihm, das Haus zu verlassen, bis er sich in den Griff bekommen hat.

Nach etwa einer Woche Hausarrest tauchte ein gezügelter Shotaro auf und bat Isora um Vergebung. Er versprach, ihr treu zu sein, und bat Isora um etwas Geld, damit er Sode wegschicken konnte, um in einer anderen Stadt ein neues Leben zu beginnen.

Isora sah das Geld als gut angelegt an, wenn es bedeutete, dass sie ihren Mann zurückbekam. Sie verkaufte ihren wertvollen Kimono und bat sogar ihre Eltern um ein wenig zusätzliches Geld, nur um sicherzugehen. Shotaro bedankte sich ausgiebig bei ihr … und brannte dann mit Sode durch.

Isora brach zusammen und legte sich in ihr Bett, unfähig zu essen oder zu schlafen. Trotz der besten medizinischen Versorgung, die beide Familien auftreiben konnten, starb sie. Sie war tot, Shotaro war mit dem Leben davongekommen.
Oder?

Der Angriff

Shotaro und Sode zogen in ein neues Haus in einem entfernten Dorf. Sode erkrankte an einer scheinbar gewöhnlichen Grippe, die sich jedoch schnell zum Schlechten wendete. Sie begann zu halluzinieren, dann klagte sie über eine „fremde Präsenz" in ihrer Brust und einen so heftigen Schmerz, dass sie es kaum aushielt. Nach einer Woche der Qualen verstarb Sode.

> *Ihre körperlichen Beschwerden entsprachen übrigens fast wortwörtlich denen von Lady Aoi, dem Opfer von Lady Rokujos Ikiryo (S. 28)*

Auf dem Friedhof verschwendete der trauernde, aber unverbesserliche Shotaro keine Zeit, um mit einer hübschen Dame zu plaudern, die das Grab neben dem von Sode pflegte. Sie bot Shotaro an, ihn ihrer Herrin vorzustellen, einer schönen Frau, die gerade erst ihren Mann verloren hatte. Shotaro willigte eifrig ein, die Witwe zu treffen und folgte der Dienerin in ihr Haus. Aus Gründen der Bescheidenheit blieb die Witwe hinter einem Paravent, wie es in alten Zeiten üblich war.

Als Shotaro nach ihrem Namen fragte, schlug die „Witwe" den Paravent zurück und entpuppte sich als niemand anderes als Isora. „Lass mich dir zeigen, wie ich mich für deine Grausamkeit revanchiere!", schrie sie mit den eingefallenen Augen und der aschfahlen Haut einer Yurei. Shotaro fiel bei diesem Anblick vor Schreck in Ohnmacht.

Als er wieder zu sich kam, befand er sich auf einem leeren Feld. Es war alles nur eine Illusion, die der wütende Geist seiner toten Frau initiiert hatte. Erschrocken suchte Shotaro einen Exorzisten auf, der ihm riet, geweihte Ofuda an die Öffnungen seines Hauses zu kleben und – das war entscheidend – 42 Tage und Nächte darin zu bleiben.

Doch Isoras Geist war listig und ließ es in der letzten Nacht so aussehen, als ob die Morgendämmerung früh eingesetzt hätte. Als Shotaro hinauslief, um die Sonne zu begrüßen, wurde er mit dem kalten Licht des Mondes konfrontiert und stellte mit Schrecken fest, dass er zu früh hinausgegangen war.

Als Shotaros Nachbarin einen Schrei hörte, kam sie herüber, um nachzusehen, was los war. Aber es gab keine Spur von Shotaro ... abgesehen von blutverschmierten Wänden und Shotaros geknotetem Haarschopf, der vom Dach baumelte. Seine Leiche wurde nie gefunden.

du auch einfach abhauen. Buchstäblich! Viele japanische Varietés führen Perücken, die als Partykostüme verwendet werden können. Wenn du befürchtest, dass Isora dir im Nacken sitzt, kannst du mit einer solchen Perücke vielleicht gerade noch entkommen, wenn sie an deinem Haar zupft. Noch besser: Mit nur 600 ¥ (ca. 4 Euro) pro Stück kannst du dir einen Vorrat anlegen.

Wie du überlebst

Einfach. Wenn der Exorzist dir sagt, du sollst 42 Tage im Haus bleiben, dann bleibst du 42 Tage im Haus. Im Internetzeitalter ist das doch kein Problem. Einige nützliche Tipps:
1) Lege dir einen Vorrat an Nahrung an.
2) Vergiss auch das Toilettenpapier nicht!
3) Und wenn du bei 42 Tagen angelangt bist? Bleib noch einen Tag länger, wie viel schlimmer kann es jetzt noch werden? (Rhetorische Frage. Lies einfach den obigen Text noch einmal, dann siehst du, wie viel schlimmer es sein kann. Weißt du, wie es sich anfühlt ein Pflaster von haariger Haut abzuziehen? Stell dir das mit deinem Kopf vor!)Wenn es dir nicht passt, dich wochenlang zu verkriechen, kannst

Wenn du eine Chonmage-Perücke wie diese zur Hand hast, kannst du dich vor Isoras Zorn retten.

Die schaurig Schönen: 06

ORUI

Japanischer Name: お累
Ursprung: In der wahren Geschichte Kasane ga fuchi („Geschichte vom Kasane-Sumpf")
Geschlecht: Weiblich
Todesjahr: 1647
Todesalter: 32 (Schätzung)
Todesursache: Mord durch Ertränken
Merkmale: Entstellte linke Gesichtshälfte
Ort der Bestattung: Unbekannt
Schauplatz des Spuks: Stadt Joso, Präfektur Ibaragi
Attacke: Spuk, Krankheiten, Besessenheit
Existenz: Teilweise bestätigt
Gefahrenstufe: Hoch

Hintergrund

Diese Geschichte von Mord und Verrat, die sich über 60 Jahre und drei Generationen erstreckt, ist mehr Besessenheit als Spuk, aber sie ist umso erschreckender, weil sie auf einem tatsächlichen Verbrechen beruht. Die Geschichte von Kasane ga fuchi wird als Fortsetzung der Geschichte von Yotsuya Kaidan (S. 16) betrachtet, da Oruis Entstellung auf der anderen Gesichtshälfte liegt als die von Oiwa. Tatsächlich finden die Aufführungen der Geschichte von Orui traditionell nie am selben Tag wie die von Yotsuya Kaidan statt. Obwohl ihre Ursprünge unterschiedlich sind (Oruis Entstellung ist natürlich, wie du sehen wirst, während Oiwas Entstellung durch Gift verursacht wurde), ähneln sich die gegensätzlichen Entstellungen so sehr, dass eine Zusammenführung der beiden eine potenziell gefährliche Symmetrie für Darsteller und Publikum gleichermaßen schafft. Zumindest sagt man das.

Geschichte

Diese beginnt 1612, als ein Bauer namens Yoemon die junge Witwe Sugi heiratet, die einen kleinen Jungen namens Suke hat. Suke wurde mit Missbildungen vom Gesicht bis zu den Füßen auf der linken Körperhälfte geboren, was Yoemon, der nie wirklich als Vater in Frage kam, sehr störte. An einem schönen Frühlingsmorgen nach der Schneeschmelze stieß er den Jungen in einen reißenden Fluss. Yoemon schwor, es sei ein Unfall gewesen. Eine Lüge, die die Menschen in seiner Umgebung gerne glaubten. (Es wird sogar spekuliert, dass Sugi mit Yoemon zusammenarbeitete, weil sie Angst hatte, dass er sie verlassen würde).

Aber das Karma schlug zu. Als Yoemon und Sugi einige Jahre später ihr eigenes Kind bekamen, wurde es mit genau der gleichen Gesichtsverunstaltung und den verkümmerten Gliedmaßen wie Suke geboren. Obwohl sie ihr den Namen Orui gaben, flüsterten die Dorfbewohner über die bösen Taten, die zu diesem seltsamen Schicksal geführt haben mussten. Sie begannen, das Kind Kasane zu nennen, eine alternative Lesart desselben Kanji-Schriftzeichens, was „doppeltes Unglück" bedeutet.

Yoemon und Sugi starben, als Orui noch sehr jung war, und hinterließen ihr das Haus und ihre mageren Ersparnisse. Aufgrund ihrer Behinderung war es jedoch schwierig, einen Ehemann zu finden, und sie lebte viele Jahre lang allein. Eines Tages stand ein Herumtreiber namens Yagoro vor ihrer Tür und brach in ihren Armen zusammen, weil er an den vielen Krankheiten litt, die junge Männer

auch schon in einer Zeit vor Krankenhäusern und Medikamenten plagten. Orui pflegte ihn pflichtbewusst gesund, und der dankbare Yagoro heiratete sie. Aber die guten Zeiten waren nicht von Dauer. Yagoro bereute schnell seine Entscheidung zu heiraten und schmiedete mit seiner Geliebten einen Plan, um Orui ein für alle Mal loszuwerden. Im Spätsommer 1647 stieß Yagoro Orui in einer Art Wiederholung dessen, was ihrem Halbbruder widerfahren war, in einen schnell fließenden Fluss, wo sie ertrank. Yagoro heiratete seine Geliebte, aber kurz nach der Hochzeit starb sie. Er traf und heiratete erneut, mit demselben Ergebnis. Und wieder. Und wieder. Schließlich starb seine letzte Frau bei der Geburt und hinterließ ihm eine Tochter, Kiku.

→ Flüsse sind bekannte Spukorte

Der Angriff

Die Probleme begannen im Dezember des Jahres 1672, als Kiku, inzwischen erwachsen und verheiratet, krank wurde und mit einer Stimme zu sprechen begann, die nicht ihre eigene war. Die Stimme behauptete, Orui zu sein, und erzählte ausführlich, wie Yagoro ihren Tod verursacht hatte. Sie schwor, Kiku so lange zu quälen, bis sie eine angemessene Beerdigungszeremonie erhalten würde. Ein Mönch namens Yuten (s. S. 164) hörte zufällig von der Geschichte und kam, um die gewünschten Rituale durchzuführen. Doch kaum hatte er den Geist aus ihrem Körper gezogen, wurde sie wieder krank. Yuten befragte Kiku nach Informationen und fand heraus, dass auch sie von der ruhelosen Seele von Suke bewohnt wurde. In einer übersinnlichen Version eines Krimis stellte Yuten die Verbindung zwischen den beiden Morden her und schaffte es, den Geist des kleinen Jungen ins Jenseits zu befördern.

Was mit Yagoro geschah, ist nicht überliefert, aber angesichts seiner bösen Taten kann man davon ausgehen, dass der Rest seines Lebens – und vermutlich auch sein Leben nach dem Tod – alles andere als angenehm waren.

Wie du überlebst

Wenn du dich in eine solche schmutzige Geschichte des Verrats verstrickt hast, ist es wahrscheinlich, dass dir dieses Buch nicht mehr helfen kann. Für den Rest von uns haben sich die Geister von Orui und Suke damit begnügt, ihre eigenen traurigen Geschichten bekannt zu machen und werden nicht länger als Bedrohung angesehen. Als Faustregel für unruhige Geister gilt: Wende dich an deinen örtlichen Tempel. Und bete, dass ein Exorzist, der so scharfsinnig ist wie Yuten, Dienst hat.

Trivia

1957 verfilmte der Regisseur Nobuo Nakagawa eine Version von Oruis Geschichte mit dem Titel Kaidan Kasane ga fuchi („Der Schrecken des Kasane-Sumpfes"). Sie basiert jedoch auf einer alten Rakugo-Dramatisierung, die wenig Ähnlichkeit mit der ursprünglichen Geschichte hat. In dieser Version des Märchens lockt der Geist einer blinden Masseurin, die von einem Samurai getötet wurde, ihren Mörder in den Sumpf von Kasane, scheinbar um sich zu rächen. Doch als sich die verwaiste Tochter der Masseurin, Orui, Jahre später unwissentlich in den Sohn des Samurai verliebt, beginnt der Kreislauf des Todes von neuem.

KAPITEL 2:
Grimmige Gespenster

TAIRA NO MASAKADO	40
SUGAWARA NO MICHIZANE	44
SUTOKU	48
KOHADA KOHEIJI	52
SAKURA SOGORO	56
PRINZ MORIYOSHI	60
HIIMI-SAMA	64

Die Onryo sind Geister, die von Zorn getrieben werden. Bete, dass du nicht zufällig auf einen dieser Kerle triffst: Sie gehören zu den gefährlichsten Geistern, die auf den japanischen Inseln ihr Unwesen treiben.

Grimmige Gespenster: 07
TAIRA NO MASAKADO

Japanischer Name: 平将門
Geschlecht: Männlich
Todesdatum: März, 940
Todesalter: Etwa 37
Todesursache: Getötet im Kampf
Geistertyp: Onryo
Merkmale:
Im Allgemeinen manifestiert sich Masakados Geist nicht physisch
Ort der Bestattung: Tokio
Schauplatz des Spuks: Tokio
Attacke: Tod, Unfälle, Unglücke
Existenz: Historisch überliefert
Gefahrenstufe: Sehr hoch

Hintergrund

Einer der berühmtesten Geister Tokios ist der eines Mannes, den viele für den allerersten Samurai Japans halten. Auf dem Schlachtfeld enthauptet, weigerte sich sein abgetrennter Kopf zu sterben und nahm ein Eigenleben an – so etwas wie ein umgekehrter kopfloser Reiter. Ein Beweis für die Macht, die sein Name immer noch auf die Menschen ausübt, ist der Masakado-Schrein, der sich heute in einem der schönsten Gebäude der Stadt befindet, umgeben von Wolkenkratzern, nur fünf Gehminuten vom Kaiserpalast entfernt. Noch immer wagt niemand den Versuch, Masakado dieses Land streitig zu machen. Er ist der Prototyp des Onryo – des zornigen Geistes.

Geschichte

Masakado war ein erfolgreicher Kriegsherr, dessen Ambitionen ihn in Konflikt mit der kaiserlichen Regierung in Kyoto brachten. Er gründete ein unabhängiges Königreich in der Kanto-Region und rief sich selbst zum „neuen Kaiser von ganz Japan" aus. Als Reaktion darauf setzte die bestehende Regierung rasch ein Kopfgeld auf den Krieger aus.

Nach zwei Monaten war Masakado tot. Er wurde während einer wilden Schlacht von einem Pfeil zwischen die Augen getroffen. Die Männer des Kaisers enthaupteten den Leichnam und trugen den Kopf zur öffentlichen Zurschaustellung nach Kyoto.

Wütend über die Beleidigung, von seinem Körper getrennt worden zu sein, erhob sich Masakados Kopf in die Lüfte über Kyoto und kehrte in die Kanto-Region zurück, um nach seinem verschwundenen Körper zu suchen und weiter zu kämpfen. Verzweifelt suchte der Kopf des japanischen Samurai überall vergeblich nach seinem Körper, um wieder ganz zu werden.

Schließlich stürzte der abgetrennte Kopf, erschöpft von der Anstrengung, über dem winzigen Fischerdorf Edo (das Jahrhunderte später zur Metropole Tokio heranwachsen sollte) vom Himmel. Er kam auf einem Stück Land zum Liegen, das für immer als „Masakado no Kubizuka" („Der Hügel von Masakados Kopf") bekannt wurde. Die verängstigten Dorfbewohner wuschen den Kopf, begruben ihn und errichteten einen Gedenkstein, um seine Wut zu besänftigen. Die nachfolgenden Generationen hielten ihn für ein Symbol der antiautoritären Macht.

Der Angriff

Im Laufe der Jahrhunderte wurden viele Unglücke dem Einfluss von Masakado zugeschrieben. Einige der jüngsten Ereignisse bilden eine Art „Top-Ten"-Liste.

Als das große Kanto-Erdbeben 1923 einen Großteil der Stadt zerstörte, nutzte das Finanzministerium von Tokio die Gelegenheit, den Hügel des Masakado-Kopfes einzuebnen, um dort ein provisorisches Bürogebäude zu errichten. Innerhalb von zwei Jahren starben 14 Mitarbeiter durch Unfälle, Krankheiten und andere Missgeschicke, darunter auch der Finanzminister selbst. In der Zwischenzeit kam es bei den anderen Angestellten zu einer Flut von unerklärlichen Verletzungen. Die zunehmende Angst, den verfluchten Boden zu betreten, veranlasste die Beamten, das Gebäude abzureißen und den Hügel neu zu errichten. Vorher hielten sie ein Shinto-Ritual ab, um den wütenden Geist zu besänftigen. Danach hielt die Regierung jedes Jahr einen kleinen Gottesdienst zu seinen Ehren ab, bis zum Ausbruch des 2. Weltkriegs, der die Aufmerksamkeit der Regierung auf andere Dinge lenkte, sodass die Zeremonien schließlich ausfielen.

Im Jahr 1940, dem 1000. Jahrestag des Todes des Kriegsherrn, schlug ein Blitz in das Finanzministerium ein und löste ein Feuer aus, das einen Großteil des Gebäudes neben Masakados Hügel zerstörte. Daraufhin veranstaltete der neue Finanzminister (zweifellos beeindruckt vom Schicksal seines Vorgängers) eine extravagante Zeremonie, um Masakados wütende Seele wieder zu besänftigen, und errichtete ein steinernes Denkmal, das bis heute an dieser Stelle steht.

Aber die Geschichte ist damit noch nicht zu Ende. Als die amerikanischen Streitkräfte nach dem Krieg die Kontrolle über Japan übernahmen, versuchten sie, den Schrein zu zerstören, um einen Fuhrpark für Militärfahrzeuge zu bauen. Während der Bauarbeiten kippte ein Bulldozer aus unerklärlichen Gründen um und tötete den Fahrer. Eine Reihe weiterer Unfälle und die Bitten der örtlichen Behörden überzeugten die Amerikaner, das Projekt abzubrechen, und Masakado genoss wieder Ruhe und Frieden – und tut es noch heute.

> Es ist ein weit verbreiteter Irrtum, dass alle Schreibtische in den umliegenden Wolkenkratzern auf den Masakado-Schrein ausgerichtet sind. Während die Grabstätte akribisch gepflegt wird, gehen die Leute außerhalb wie gewohnt ihren täglichen Geschäften nach.

Wie du überlebst

Masakado mag heute noch genauso mächtig sein wie vor 1000 Jahren, aber eines ist sicher: Wie ein echter Samurai greift er niemals an, ohne dass man ihn provoziert. Sein Zorn richtet sich unweigerlich auf diejenigen, die seiner letzten Ruhestätte nicht den gebührenden Respekt zollen. Fazit: Denk lieber zweimal nach, bevor du mit einem Bagger drüberfährst.

Vielleicht liegt es an seiner Vorliebe, nur diejenigen zu attackieren, die sich an seiner Ruhestätte zu schaffen machen, dass Masakados Anwesenheit von den Einheimischen keineswegs als negativ angesehen wird. Er wird als Beschützer Tokios angesehen.

Es bleibt alles in der Familie

Masakados Tochter, die Prinzessin Takiyasha, war verständlicherweise aufgebracht und besuchte den Kifune-Schrein, um die Mörder ihres Vaters mit einem Fluch zu belegen. Die Bitte

> Als einziger der in diesem Buch vorgestellten Geister hat Masakado sogar sein eigenes Bankkonto. Es wurde bei der nahe gelegenen Mitsubishi Tokio UFJ Bank eröffnet und wird von der Freiwilligenorganisation genutzt, die den Schrein unterhält.

war offenbar erfolgreich, ==denn einer der berühmtesten Holzschnitte Japans zeigt sie, wie sie den als Odokuro bekannten Skelett-Yokai heraufbeschwört,== um den Mann zu terrorisieren, der für den Tod ihres Vaters verantwortlich war. (Mehr über Flüche, siehe S. 140).

Der Yokai der von Takiyasha beschworen wurde, Utagawa Kuniyoshi (1798 – 1861)

> LAGE, LAGE, LAGE: Masakados Kopf entpuppte sich als ein ziemlich gewiefter Immobilienspekulant. In einem Artikel aus dem Jahr 1970 schätzte die Zeitung Asahi Shimbun den Wert des Grundstücks, auf dem sich Masakados Grab befindet, auf knapp zweihundert Millionen Yen, was nach dem Wechselkurs von 2011 etwa 2,5 Millionen US-Dollar entspricht. Es wurde in den letzten Jahren nicht offiziell geschätzt, aber angesichts der Preise in der Umgebung muss es heute ein Vielfaches davon wert sein.

Nach Hause

Bei all dem Gerede über seinen Kopf – was ist mit Masakados Körper passiert? Eine Legende besagt, dass er herumlief, um seinen Kopf zu suchen. Es wird angenommen, dass sein Kopf an der Stelle des heutigen Kanda-Myojin-Schreins heruntergefallen ist. Masakado mag für Kyoto ein Verräter gewesen sein, aber für Tokio war er ein Held. Ihm zu Ehren wird jedes Jahr im Mai das Kanda Myojin Matsuri Festival veranstaltet. Wenn du Japans ersten Samurai – oder zumindest seinen Körper – kennenlernen möchtest, kannst du gerne vorbeikommen!

Grimmige Gespenster: 08
SUGAWARA NO MICHIZANE

Japanischer Name: 菅原道真
Geschlecht: Männlich
Alias: Sugawara no Michizane; Tenman Daijizai Tenjin (nach seinem Tod); Kan Shojo
Todesdatum: 26. März, 903
Todesalter: 57
Todesursache: Verhungert
Geistertyp: Onryo
Merkmale: Im Allgemeinen manifestiert sich sein Geist nicht physisch
Ort der Bestattung: Fukuoka, Kyushu
Schauplatz des Spuks: Heiankyo (Kyoto)
Attacke: Verursacht Seuchen, Dürren u. Ä., Pfeile aus heiterem Himmel
Existenz: Historisch überliefert
Gefahrenstufe: Hoch

Hintergrund

Ein Politiker, der zu einem wütenden Geist wurde, der sich für seine Misshandlungen durch die kaiserliche Familie rächen will.

Zu Lebzeiten war Michizane ein hochintelligenter, künstlerisch veranlagter Gelehrter. (Einem Bericht zufolge schrieb er einmal während des Abendessens 20 Gedichte zu 20 völlig unterschiedlichen Themen). Er stieg schnell auf und erregte die Aufmerksamkeit des damaligen Kaisers Uda, was seiner Karriere einen großen Schub gab. Schon bald hatte er die Karriereleiter so weit erklommen, wie ein Bürokrat nur aufsteigen konnte, und bekleidete einflussreiche Positionen wie Udaijin (im Grunde ein Staatssekretär), Botschafter im China der Tang-Ära und stellvertretender Haushofmeister des Kronprinzen, um nur einige zu nennen. Doch während seine Zukunft gesichert schien, brauten sich in Wirklichkeit Sturmwolken am Horizont zusammen.

Der Michizane-Vorfall

Der kaiserliche Hof verbrannte viele offizielle Aufzeichnungen über Michizane bei dem Versuch, die Verbindung zu seinem wütenden Geist zu verschleiern. Die Einzelheiten dessen, was viele Jahre später als der „Michizane-Vorfall" bekannt wurde, müssen zwangsläufig aus einer Vielzahl von Berichten zusammengesetzt werden.

Von seiner Verantwortung überwältigt, verzichtete Uda 897 auf den Thron und beraubte Michizane seines früheren Einflusses. Weit weniger qualifizierte Personen aus Familien, die dem neuen Kaiser näherstanden, wurden befördert, während der talentierte und loyale Michizane unverdient in die Bedeutungslosigkeit abrutschte. Degradiert, verleumdet und eines Verbrechens beschuldigt, das er nicht begangen hatte, wurde Michizane im Jahr 901 ins ferne Kyushu verbannt.

Michizane versuchte weiterhin, Gedichte zu verfassen, aber er war inzwischen völlig verarmt. Im frühen Frühjahr 903 erlag er seiner Unterernährung. Als seine Rivalen von seinem Ableben erfuhren, klopften sie sich wohl selbst auf die Schulter, weil sie ihre Arbeit gut gemacht hatten. Nur Michizane war noch nicht fertig – im selben Jahr begannen die Angriffe.

Wie du überlebst

Hast du jemals die Bibel gelesen? Erinnerst du dich an den Teil über die Plagen, die Moses Gott über die Ägypter

DIE ANGRIFFE

Eine unvollständige Liste von tatari (Angriffen), die offiziell Michizane zugeschrieben werden, nach Jahren sortiert

- 903 SINT FLUTARTIGER REGEN, DAS GANZE JAHR ÜBER
- 905 DÜRREN
- 906 ÜBERFLUTUNGEN
- 907 SCHLIMME ÜBERFLUTUNGEN
- 910 FURCHTBARE ÜBERFLUTUNGEN
- 911 NOCH SCHLIMMERE ÜBERFLUTUNGEN, DIE GANZE DÖRFER VERSCHLINGEN
- 912 EIN GROSSER BRAND IN HEIANKYO
- 913 MICHIZANES RIVALE STIRBT
- 914 WEITERE BRÄNDE IN HEIANKYO
- 915 AUSBRUCH DER WINDPOCKEN
- 918 SO SCHRECKLICHE ÜBERFLUTUNGEN, DASS WIR DAZU LIEBER NICHTS SAGEN
- 922 AUSBRUCH VON KEUCHHUSTEN
- 923 DER KRONPRINZ STIRBT IM ALTER VON 21 JAHREN
- 925 DER SOHN DES VERSTORBENEN KRONPRINZEN STIRBT
- 930 BLITZEINSCHLAG IN DIE PALASTMAUERN, ZAHLREICHE BEAMTE STERBEN UND DER KAISER DAIGO BRICHT VOR SCHRECK ZUSAMMEN UND STIRBT 3 MONATE SPÄTER

anders aus. Um einen Geist dieses Ausmaßes zu besänftigen, sind umfangreiche – fast infrastrukturelle – Maßnahmen erforderlich. Dafür musste der kaiserliche Hof in diesem Fall nicht nur Michizanes frühere Titel posthum wiederherstellen, sondern auch den Bau eines opulenten Denkmals zu seinem Gedenken finanzieren: den Dazaifu-Tenmangu-Schrein.

Wohlgemerkt, es handelte sich nicht um einen Exorzismus - dafür war Michizane viel zu mächtig; Erinnerst du dich an die Blitze, die innerhalb der Palastmauern einschlugen? Vielmehr war es eine extravagante Respektsbekundung, die einer offiziellen Entschuldigung des kaiserlichen Hofes am nächsten kam. Die erfolgreiche Aktion bildete den Grundstein für das, was man jahrhundertelang als „Beruhigungsstrategie der Onryo" bezeichnen könnte: Die Verehrung derjenigen, denen der Kaiser Unrecht getan hatte, indem er sie in den Rang von Göttern erhob.

Heute ist Michizane besser bekannt als Tenjin, die Shinto-Gottheit der Gelehrsamkeit. Vergiss also das Überleben – bei einer modernen Begegnung mit Michizane geht es nur ums Bestehen. Millionen von Menschen besuchen jedes Jahr seinen Schrein, um sich für ihre Prüfungen vorzubereiten. Also hör auf, dir über Geisterangriffe Gedanken zu machen, und lies Bücher! Der Dazaifu-Tenmangu-Schrein liegt nur 30 Minuten mit dem Zug von der Stadt Fukuoka entfernt, der nächstgelegene Bahnhof ist „Nishitetsu Dazaifu".

brachte? So ähnlich ist es auch hier. Du steckst in ernsten Schwierigkeiten. Der Durchschnittsbürger kann nichts tun, um das Chaos einzudämmen, außer seine Koffer zu packen und bei der ersten Andeutung von schlechtem Wetter oder dem Ausbruch einer Krankheit die Stadt zu verlassen. Das ist nicht gerade eine realistische Option.

Wenn man jedoch der Kaiser von Japan ist, sieht die Sache schon

Kenne deinen Onryo

Michizane ist der archetypische Onryo in der genauesten Definition des Begriffs. Während das Wort heute für alle möglichen wütenden Geister

Edler Michizane im Alter von elf Jahren, der mit Pinsel und Tusche ein Gedicht verfasst. Yoshitoshi.

Michizanes Geist strebt triumphierend nach seiner Anerkennung durch den kaiserlichen Hof, Yoshitoshi.

verwendet wird, bezieht sich Onryo ursprünglich und korrekterweise nur auf jene Geister, die auf Rache gegen die kaiserliche Familie aus sind.

Wir übertreiben nicht, wenn wir sagen, dass die kaiserliche Regierung den Spuk ernst nahm. Ein historischer Text aus dem Jahr 1292 namens „Gukansho" zeigt, dass die Affäre auch noch mehr als drei Jahrhunderte später ein heißes Thema war. Der Autor aus dem 13. Jahrhundert stellt die Theorie auf, dass die Götter Michizanes posthumes Wiederauftauchen als Beispiel für die Folgen falscher Anschuldigungen inszeniert haben, die einem ansonsten guten Mann sozusagen die nötige Legitimation geben können, um als wütender Geist zurückzukehren.

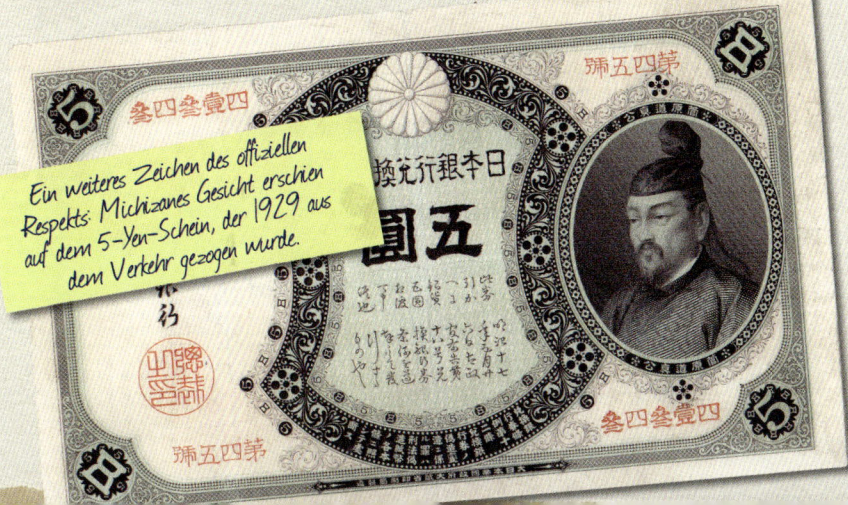

Ein weiteres Zeichen des offiziellen Respekts: Michizanes Gesicht erschien auf dem 5-Yen-Schein, der 1929 aus dem Verkehr gezogen wurde.

Grimmige Gespenster: 09
SUTOKU

Japanischer Name: 懀 天皇
Geschlecht: Männlich
Alias: Sutoku Joko; Sanuki-in; Akihito
Geburtsjahr: 1119
Regierungszeit: 1123-1142
Todesdatum: 14. September 1164
Todesalter: 45
Todesursache: Hass
Geistertyp: Onryo
Merkmale: Im Allgemeinen manifestiert sich sein Geist nicht physisch
Ort der Bestattung: Kagawa (Shikoku-Insel)
Schauplatz des Spuks: Heiankyo (Kyoto)
Attacke: Verursacht Tode, Dürren u. Ä., zerstört Regime
Existenz: Historisch überliefert
Gefahrenstufe: Hoch

Hintergrund

Sutoku ist ein weiterer „traditioneller" Onryo von der Sorte, die speziell die kaiserliche Familie heimsucht. Als Produkt – und Opfer – eines komplexen Geflechts von politischen Allianzen und Intrigen ist seine Geschichte eine faszinierende Erinnerung daran, dass das Leben auch an der Spitze kein Zuckerschlecken ist.

Obwohl Sutoku als historische Figur bekannt ist, ist er dafür, dass er sich in einen der wütendsten Geister Japans verwandelt hat, noch populärer. Wenn man seine Geschichte gelesen hat, versteht man warum.

Geschichte

Sutoku war angeblich das Kind von Kaiser Toba und seiner offiziellen Gemahlin Fujiwara, obwohl viele Indizien darauf hindeuten, dass er in Wirklichkeit das Kind einer Affäre zwischen ihr und Tobas Vater, dem ehemaligen Kaiser Shirakawa, war. Obwohl Shirakawa die Führung an seinen Sohn abgegeben hatte, behielt er hinter den Kulissen die Macht in der Hand. Der junge Sutoku war einer seiner wertvollsten Spielfiguren in diesem Spiel um den Thron. Als Sutoku das Alter von fünf Jahren erreicht hatte, befahl Shirakawa Toba abzudanken. Normalerweise würde Toba in einer solchen Situation zum Regenten ernannt werden. Aber in alten Zeiten war ein Vater immer „ranghöher" als sein Sohn – vor allem, wenn der Vater ein ehemaliger Kaiser war. Toba musste mit ansehen, wie Shirakawa den neuen Kindskaiser für seine Zwecke manipulierte. Selbst nach den strengen Maßstäben der Heianischen Politik war dies eine bittere Pille, die er schlucken musste.

Und so blieb es bis zu Shirakawas Tod 15 Jahre später. Toba nutzte seine neu gewonnene elterliche Autorität, um Sutoku zu zwingen, Tobas eigenen vierjährigen Sohn Konoe als Adoptivkind zu akzeptieren. Sutoku stimmte bereitwillig zu. (Adoptivelternteil hin oder her, die Regeln der Thronfolge sahen vor, dass er zum Regenten ernannt würde, wenn Konoe schließlich die Macht übernahm.) Aber Toba hatte noch einen anderen Trick in petto. Als Konoe im selben Jahr den Thron bestieg, zwang Toba Sutoku, eine Erklärung zu unterschreiben, die besagte, dass Sutoku eigentlich Konoes Bruder sei. So wurde Sutoku seiner elterlichen Autorität beraubt und konnte nur hilflos zusehen, wie Toba

hinter den Kulissen die Kontrolle über den Kindskaiser Konoe übernahm.

Leider war Konoe ein Kind, das von Krankheiten und Unglück geplagt wurde. Er starb im Alter von 14 Jahren und ebnete damit scheinbar den Weg für Sutoku, seinen eigenen Sohn auf den Thron zu setzen. Aber es sollte nicht sein. Konoes trauernde Mutter schwor, dass Sutoku ihren Sohn zum Tode verflucht hatte. Und so blockierte Toba Sutoku ein weiteres Mal und setzte stattdessen seinen dritten Sohn, Go Shirakawa, als Kaiser ein.

> In einer berühmten Legende wurde Konoes Schwäche durch eine gefährliche Kreatur namens Nue verursacht, siehe „Yokai-Survival-Guide".

Sutoku hatte genug von einem Stammbaum, der eher einem Fußball-WM-Plan als einer Ahnentafel ähnelte. Er startete einen Staatsstreich gegen Kaiser Go Shirakawa in einem Vorfall, der heute als Hogen-Aufstand bekannt ist. Doch Sutoku wurde schnell besiegt, und der Kaiser verbannte ihn zur Strafe auf die ferne Insel Shikoku.

Sutoku nahm seinen Sturz in Ungnade erstaunlich gut hin. Er trat in ein Kloster ein und widmete sich den religiösen Studien. Im Laufe vieler Jahre fertigte er eine Reihe von fünf wichtigen buddhistischen Sutren an, die er in exquisiter Kalligraphie abschrieb. Er schickte die Texte als Zeichen des guten Willens an Kaiser Go Shirakawa und bat darum, dass „wenigstens die Spuren meines Pinsels in die Hauptstadt gelangen dürften".

Der Kaiser misstraute den Schriftrollen zutiefst. Er war davon überzeugt, dass Sutoku die Sutren mit einem ähnlichen Fluch belegt hatte, der Jahre zuvor Konoe zu Fall gebracht hatte. Und so lehnte er das Geschenk ab und befahl, sie zurückzugeben – einigen Berichten zufolge in Fetzen.

Der Angriff

Als Sutoku die Schriftrollen wiedersah, wurde er sehr zornig. Er schwor sich, dass seine ewige Seele die kaiserliche Familie für alle Zeiten verfolgen würde, indem er komplizierte Flüche in sein eigenes Blut ritzte. Sein Hass verzehrte Körper und Seele, seine Fingernägel wurden lang und sein Haar länger. Den Rest seiner Tage verbrachte er mit dem Gelübde, den Kaiser und sein Geschlecht auf das Niveau der einfachen Leute herabzustufen. Er starb im Jahr 1142.

Schon im nächsten Jahr wurde die kaiserliche Familie von allerlei Unglück heimgesucht. Go Shirakawas Sohn und Nachfolger, Kaiser Nijo, starb im Alter von nur 21 Jahren, während in der Stadt große Brände wüteten und im ganzen Land Aufstände ausbrachen. Es folgte eine Hungersnot.

Es kam noch schlimmer. Ironischerweise hatte Sutokus frühere Niederlage in der Schlacht den gesamten kaiserlichen Hof in den Abgrund gestürzt. Die Rebellion löste eine Rivalität zwischen dem Genji- und dem Heike-Klan aus, und die Samurai entrissen dem Adel in der epischen Schlacht von Dan-no-Ura im Jahr 1185 die Kontrolle über das Land. Innerhalb eines halben Jahrhunderts war die kaiserliche Familie zu bloßen Galionsfiguren degradiert worden.

Wie konnte das alle passieren? Man kannte nur einen Grund: Sutokus wütender Geist.

Wie du überlebst

Es gibt nichts, was der Durchschnittsmensch tun kann, um sich vor der Art von Unheil zu bewahren, die ein zorniger Geist wie Sutoku verursacht. Die einzige wirkliche Möglichkeit „Befreiung" zu erlangen, ist die Verehrung des zornigen Geistes.

Als das Shogunat schließlich zusammenbrach und der Meiji-Kaiser Jahrhunderte später im Jahr 1868 erneut die Macht übernahm, bestand eine seiner ersten Amtshandlungen darin, den Bau eines Sutoku-Schreins in der Innenstadt von Kyoto anzuordnen. Selbst 700 Jahre nach seinem Tod versetzte Sutokus Onryo die Mächtigen in Angst und Schrecken.

Yokai Kumpel

Die Legende von Sutoku wuchs nach seinem Tod noch weiter. In der Edo-Periode, etwa sechs Jahrhunderte später, wurde er als eine der drei gefährlichsten Kräfte in Japan beschrieben – die anderen beiden waren ein neunschwänziger Fuchs-Yokai namens Tamamo no mae und der **trinkfeste Dämonen-Yokai Shuten Doji**. Obwohl er definitiv als zorniger Geist und nicht als Monster angesehen wird, ist Sutoku ein gutes Beispiel für die Grauzone, die in Japan zwischen Yurei und Yokai existiert.

In diesem Holzschnitt von Utagawa Kuniyoshi aus dem 19. Jahrhundert entfesselt Sutoku einen Sturm auf die unglücklichen Bürger von Heiankyo

Ein Werk, das Minamoto no Yorimitsu (Raiko) mit vier Kriegern im Kampf gegen den Dämonen-Yokai Shuten Doji zeigt.

Grimmige Gespenster: 10
KOHADA KOHEIJI

Japanischer Name: 小幡小㮮
Geschlecht: Männlich
Beruf: Kabuki-Schauspieler
Geburtsjahr: Frühes 18. Jahrhundert
Todesjahr: Mitte 18. Jahrhundert
Todesalter: Wahrscheinlich 30-40
Todesursache: Ertrinken
Geistertyp: Onryo
Merkmale: Ein Gesicht, das nur ein Geist lieben kann, amputierte rechte Hand, Hand/Finger können unabhängig voneinander agieren
Ort der Bestattung: Asaka-Teich
Schauplatz des Spuks: Edo
Attacke: Erscheinungen, Illusionen
Existenz: Basiert vage auf einer wahren Geschichte
Gefahrenstufe: Niedrig (für dich)

Utagawa Toyokunis Darstellung des Geistes. Farbholzschnitt von 1820 aus der Blütezeit Koheijis

Hintergrund

Es sei dir verziehen, wenn du seinen Namen nicht kennst, aber du hast zufällig einen der berühmtesten Geister einer vergangenen Epoche vor dir. In den frühen 1800er Jahren war Koheiji ein Superstar. Die Kabuki-Schauspieler hielten ihn sogar für so berühmt, dass sie sich scheuten, unnötigerweise über ihn zu sprechen – quasi ein Voldemort aus dem 19. Jahrhundert.

Kohada Koheiji ist die Hauptfigur eines Buches aus dem Jahr 1803 mit dem Titel „Fukushu kidan Asaka no Numa" („Merkwürdige Geschichte der Rache am Asaka-Teich") von Santo Kyoden, einem Mann, den manche für den ersten modernen Roman-Autor Japans halten. Das Buch, das angeblich auf dem Leben und dem gewaltsamen Mord an einem echten Kabuki-Schauspieler basiert, war so beliebt, dass Santo einige Jahre später eine Fortsetzung mit dem Titel „Merkwürdige Geschichte der Rache am nächsten Tag am Asaka-Teich" schrieb. Wie man den Titeln entnehmen kann, lockte der Autor die Leser mit ungeheuerlichem Verrat und blutiger Rache. Das Publikum hat die Bücher verschlungen, während Kritiker Worte wie „lächerlich" und „einfallslos" fallen ließen.

Sie waren das Äquivalent zu modernen Bestsellern, und es dauerte nicht lange, bis der berühmte Dramatiker Tsuruya Nanboku IV eine Adaption für die Kabuki-Bühne verfasste. Sein Drama von 1808 mit dem Namen „Iroiri Otogizoshi" („Das bunte Geschichtenbuch") erwies sich

als ebenso beliebt wie die Bücher. Künstler des Farbholzschnitts übertrafen sich gegenseitig mit immer grausameren Darstellungen des Geistes. Als Äquivalent zu Freddy oder Jason aus der Edo-Ära begann Koheiji inoffiziell in Produktionen anderer Dramatiker aufzutreten, was zu dem Begriff Koheiji-mono – im Grunde so etwas wie das „Koheiji-Versum" – führte, um die wachsende Liste von Werken zu beschreiben, in denen er auftauchte.

Geschichte

Koheiji wünscht sich nichts sehnlicher, als ein Star der Kabuki-Bühne zu werden, aber es gibt ein Problem: Er ist nicht sehr gut. Er übt ständig, aber er bekommt einfach keine Rolle. Sein Lehrer versucht sogar, Produzenten zu bestechen, um den jungen Schauspieler auf die Bühne zu bringen.

Doch das Blatt wendet sich. Eines Tages wird er für die Hauptrolle in einer Produktion angefragt.
„Du hast das perfekte Gesicht!", schwärmt der Regisseur.
„Wofür?", fragt Koheiji, der seine Aufregung kaum zügeln kann.
„Einen Geist!"

Ein zweideutiges Kompliment. Und ein Geist …! Es war eine abergläubische Ära, und Geisterrollen waren ein zweischneidiges Schwert, von dem man oft glaubte, dass es Gefahr und Unglück für die Schauspieler bedeutete, die sie spielten. Aber Koheiji war kaum in der Lage abzulehnen.

Wie sich herausstellte, schnitt Koheiji so gut ab, dass er eine weitere Geisterrolle bekam, und noch eine, und noch eine. Es dauerte nicht lange, bis er in Edo zu dem Mann wurde, der Tote spielen sollte. Er hatte seine Nische gefunden. Koheiji mag sich seinen Platz im Rampenlicht verdient haben, aber das ändert nichts an der Tatsache, dass er noch nie besonders schlau war. Er bemerkte nicht einmal, dass seine Frau Otsuka eine heiße Affäre mit seinem Kumpel, einem Kabuki-Orchester-Trommler namens Sakuro, hatte. Da Sakuro Otsuka für sich haben wollte, heckte er einen Plan aus, um Koheiji während eines Angelausflugs zu töten. Als Koheiji seine Angel auswarf, wurde sie von einem Verbündeten Sakuros eingeholt, der den unglücklichen Schauspieler vom Boot in die trüben Gewässern und damit in den Tod zerrte.

Nachdem er die Leiche aus dem Fluss gefischt hatte, durchsuchte Sakuro sie nach Geld und Wertgegenständen, mit denen er seine Komplizen bezahlen konnte. Als er in Koheijis durchnässten Kimono griff, schnellte die rechte Hand des Toten hervor und umklammerte sein Handgelenk. Sakuro schrie auf. Einer der Komplizen schlug mit seinem Schwert zu und trennte die Gliedmaße des Toten ab.

Erschrocken, aber entschlossen ging Sakuro nach Hause, um Otsuka die Nachricht zu überbringen.
„Ich habe Koheiji getötet."
„Bist du betrunken?", lachte sie. „Koheiji ist vor einer Weile nach Hause gekommen. Er ist im anderen Zimmer."

Der Angriff

Der besorgte Sakuro stellt fest, dass die Schiebetür zum Nebenraum klemmt. Unbemerkt von ihm klemmt eine verrottende Hand die Tür von hinten zu. Er drückt die Tür mit einem Stoß auf, so dass die Finger der Hand herumfliegen und das Haus mit einem grauenhaften Gestank erfüllt wird. Das überzeugt Otsuka davon, dass ihr Mann wirklich tot ist, aber sie sagt Sakuro, er solle sich damit abfinden – „schließlich ist er nur ein Geist." Schlechter Zug. Die Dinge werden nur noch seltsamer. Eines Nachts materialisiert sich ein Mann im Bett zwischen Sakuro und Otsuka. Später späht eine mit Wasser vollgesogene Leiche durch das Moskitonetz. Die beiden beginnen, Koheji überall zu sehen, auch tagsüber. Als Sakuro eines Abends von der örtlichen Taverne zurückkehrt, sieht er einen Mann ins Schlafzimmer rennen. Wütend stürmt er mit gezogenem Schwert hinterher. Aber da ist kein Mann, die Frau hat fest geschlafen. Durch den Aufruhr wachgerüttelt, streckt sie instinktiv die Hand aus, um die Klinge abzuwehren – und verliert dabei die Finger ihrer Hand. (Erkennst du hier einen Zusammenhang?)

Wundbrand setzt ein. Während Otsuka dahinsiecht, sucht Sakuro verzweifelt nach Hilfe, um sein Haus von Koheijis unversöhnlichem Geist zu befreien. Er hört einen Schrei aus dem Schlafzimmer. Als er hineinstürzt, um nachzusehen, ist Otsuka verschwunden, die Wände und die Decke mit Blut und Stücken von Kopfhaut bespritzt. Schließlich verliert Sakuro alles und liegt im Bett und träumt von Sumpfwasser, das seine Lungen füllt – ein Albtraum, aus dem er nie mehr erwacht.

Es sei denn, du bist zufällig ein Kabuki-Schauspieler. Das ist dann etwas anderes. Auf dem Höhepunkt von Koheijis Popularität kursierten in der Kabuki-Szene Gerüchte über Unfälle, Krankheiten und andere Probleme, die den Schauspielern, die ihn darstellten, widerfuhren. Daher hielten die Schauspieler Diskussionen über ihn auf ein Minimum beschränkt. Vielleicht wäre es keine schlechte Idee, diesem Beispiel zu folgen. Blättere doch lieber einfach mal die Seite um.

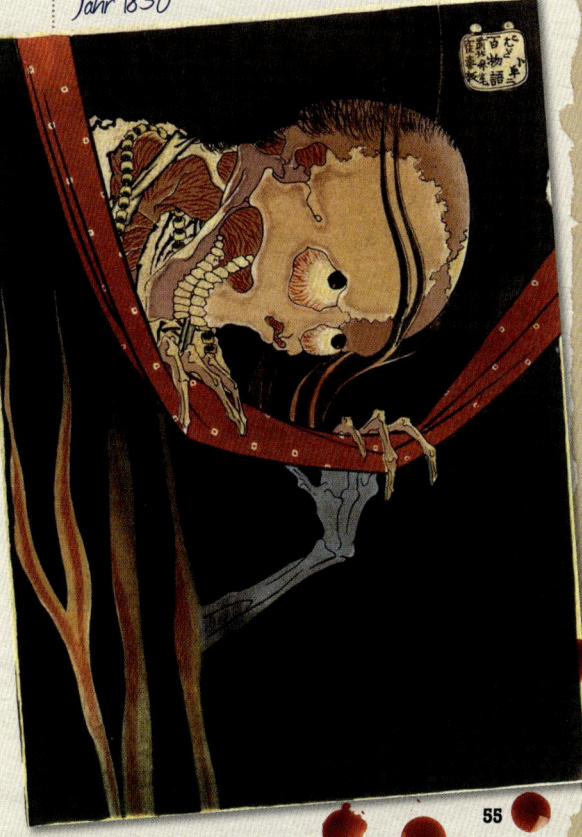

Hokusais wundervoll schaurige Darstellung eines durchnässten und verwesenden Koheiji setzte die Grenzen des Akzeptablen im Holzschnitt. Aus dem Jahr 1830

Wie du überlebst

Koheiji ist ein klassisches Beispiel für einen Geist, der auf Rache sinnt. Anders als sein Gegenstück und geistiger Nachfolger Oiwa-san ist er jedoch nicht dafür bekannt, dass er seine Opfer in der heutigen Zeit verfolgt.

Grimmige Gespenster: 11
SAKURA SOGORO

Japanischer Name: 佐倉惣郎
Geschlecht: Männlich
Alias: Kiuchi Sogo (sein tatsächlicher Name)
Todesdatum: 24. September 1653
Todesalter: 48
Todesursache: Kreuzigung
Geistertyp: Onryo
Merkmale: Zerschlagen und blutig an ein Holzkreuz gefesselt, oft zusammen mit seiner Frau gesehen, die sich in einem ähnlichen Zustand befindet
Ort der Bestattung: Narita
Schauplatz des Spuks: Narita
Attacke: Pausenlose Erscheinungen
Existenz: In historischen Quellen erwähnt
Gefahrenstufe: Extrem hoch (wenn du ein Hatamoto bist)

Hintergrund

In alten Zeiten herrschte die Meinung vor, dass jeder, der sein Leben in einem erfolglosen Kampf um Gerechtigkeit verlor, als Geist zurückkehren würde, der sich an seinen Unterdrückern rächen wollte. Nirgendwo wird dieses Phänomen deutlicher illustriert als in der brutalen Geschichte des „Bauernmärtyrers" Sakura Sogoro.

Es gibt kaum Beweise dafür, dass er tatsächlich existiert hat, aber die Geschichte ist nur allzu plausibel. Es war eine Zeit, in der die Oberen die Unteren völlig ungestraft misshandeln konnten – zumindest was die menschliche Gerechtigkeit anging. Jenseits des Grabes war es jedoch eine andere Sache.

Geschichte

Die Hatamoto, Adlige mit Titeln und Landbesitz, hatten praktisch freie Hand über die Bewohner der Ländereien, die sie besaßen. Lord Hotta, der Hatamoto von Sogoros Dorf Kozu (in der Nähe der heutigen Stadt Narita), war gieriger als die meisten anderen und presste den Bauern jedes einzelne Reiskorn – die damalige Währung – ab, um seine ohnehin schon prall gefüllten Kassen zu füllen.

Trotz ihrer fruchtbaren Böden sahen sich die Bauern von Kozu an den Rand der Armut und des Hungers getrieben, während ihr Grundbesitzer in Saus und Braus lebte und ihre wiederholten Bitten um Ermäßigungen und Aufschübe ignorierte. Einige wenige legten Geld zusammen und versuchten eine Bestechung, die Hotta bereitwillig annahm, dann aber ignorierte. In ihrer Not waren viele Dorfbewohner gezwungen, Erbstücke und sogar ihre eigenen Häuser zu verkaufen, um über die Runden zu kommen. Andere flohen in der Hoffnung, woanders ein neues Leben zu beginnen.

Sogoro, das Oberhaupt des Dorfes, wollte diese Behandlung nicht einfach so hinnehmen. Er organisierte seine Mitbauern und bereitete eine Petition vor, die er dem Shogun persönlich überbringen wollte, ein gewagter Schritt für damaligen Zeiten. Mit Hilfe der Dorfbewohner versteckte er sich unter einer Brücke, von der er wusste, dass das Gefolge des Shoguns sie bald passieren würde.

Er band das Dokument an das Ende einer Bambusstange und warf es in das Fenster der Sänfte, als diese vorbeigetragen wurde, und bat den Shogun, ihm seine Aufmerksamkeit zu schenken.

Wie es der Zufall wollte, war der Shogun von diesem Vorhaben begeistert und befahl Hotta, die Bitte der Dorfbewohner zu prüfen. Die Nachricht von der Petition und Hottas Geiz verbreitete sich in der Befehlskette wie ein Lauffeuer. Hotta war von einem Haufen Bauern vor seinen Vorgesetzten gedemütigt worden.

Natürlich fühlte Hotta keine Verantwortung oder Reue, er war nur wütend, weil er sich öffentlich blamiert hatte. Er ließ Sogoros gesamte Familie zusammentrommeln und teilte ihnen mit, dass er die Petition im Namen des Shoguns gerne annehmen und die Belastung des Dorfes fortan verringern würde. Nach dem Gesetz musste Sogoro jedoch dafür bezahlen, dass er Hotta übergangen hatte.

Der Bauernführer hatte sich auf diese Möglichkeit vorbereitet, aber niemand konnte die Brutalität des Urteils vorhersehen. Hotta kreuzigte Sogoro und seine Frau und zwang sie dabei zuzusehen, wie ihre vier jungen Söhne, die gerade einmal elf, neun, sechs und drei Jahre alt waren, enthauptet wurden, dann ließ er Sogoro und seine Frau noch drei Tage lang unter Qualen hängen, bevor er sie tötete.

Als die Henker ihre Speere für die Todesstöße vorbereiteten, verfluchte Sogoro Hotta und schwor, er werde zurückkehren und Rache nehmen. Immer wieder wurden ihm scharfe Klingen in die Eingeweide gestoßen. Doch als er starb, neigte sich sein Kopf zur Seite, und seine blind gewordenen Augen waren fest auf das Schloss gerichtet, in dem der Hatamoto von Kozu sein Zuhause hatte.

Der Angriff

Der Spuk begann fast sofort nach Sogoros Tod. Im Schloss erhellten seltsame Lichter das Schlafgemach von Hottas schwangerer Frau, während unheimliches, körperloses Geschnatter durch die Gänge hallte. Es dauerte nicht lange, bis die Gespenster konkrete Gestalt annahmen: Es waren Erscheinungen von Sogoro und seiner Frau, die noch immer an ihre Kreuze gefesselt waren. Die Erscheinungen schüttelten Hottas Frau und schworen, ihre letzten Tage zur Hölle auf Erden zu machen. Nacht für Nacht stürmte Hotta in die Gemächer seiner Frau und schwang wild sein Schwert in dem vergeblichen Versuch, die Geister zu vertreiben. Als die Frau erkrankte und starb und Hotta damit sein künftiges Kind verlor, zogen die Geister in die Gemächer von Hottas einzigem Sohn.

Die unaufhörlichen Angriffe führten zu schlaflosen Nächten und zunehmend unberechenbarem Verhalten. Eines Nachts verwechselte Hotta seine Magd mit einem Phantom und tötete sie. Der Höhepunkt war jedoch

Utagawa Kuniyoshis Darstellung von „Asakura Togo". Sogoros Namen wurde umbenannt, um die Behörden nicht zu erzürnen, als seine Geschichte 1851 als Kabuki-Stück inszeniert wurde.

Ein Tryptichon von Kuniyoshi, das Sogoros Qualen mit dem Hatamoto darstellt. Man beachte, wie seine Anwesenheit die Wahrnehmung verzerrt, sodass Hotta glaubt, seine eigenen Gefolgsleute seien Dämonen und keine Menschen. Diese Fähigkeit, das Bewusstsein zu beeinflussen, ist der Schlüssel zu Sogoros Spuk.

ein Besuch im Schloss des Shoguns in Edo. Zu diesem Zeitpunkt war Hotta völlig außer sich und verwechselte einen anderen Adligen mit Sogoro, den er kaltblütig niederstreckte. Dies war ein gesellschaftlicher Fauxpas ersten Ranges, und der wütende Shogun ordnete an, Hotta seinen Titel und seine Besitztümer zu entziehen.

Wie du überlebst

Das ist eine dieser Situationen, in denen es heißt: „Wie es in den Wald hineinruft, so schallt es heraus." Rachsüchtige Geister wie der von Sakura Sogoro sind nicht daran interessiert, um des Spuks willen zu spuken – sie sind daran interessiert, die Personen, die für ihren Tod verantwortlich sind, bezahlen zu lassen. Wenn du nicht involviert bist, bist du sicher. Wenn du es bist, dann gnade dir Gott, denn wir können es sicher nicht.

Es gibt viele Variationen darüber, wie die Geschichte endet. In einer Variante erkannte Hotta erst spät, dass er selbst an seinen Problemen schuld war und schwor, Sogoro als Gott zu verehren, wenn sein Geist von seiner Schreckenskampagne ablassen würde. Die Heimsuchungen ließen allmählich nach, und der Shogun erbarmte sich und gab Hotta seine Besitztümer zurück. Der gezüchtigte Hotta, der sein Wort hielt, gab eine große Summe aus, um Sogoro einen Schrein zu widmen, der „so schön wie ein Edelstein" war. So kam es, dass Sogoro ein Schutzpatron der Bauern wurde, während der Hatamoto selbst heute fast vergessen ist.

Trivia

Wie nicht anders zu erwarten, boten Geschichten wie die von Sogoro reichlich Stoff für eine Kritik am Status quo. Im Jahr 1808 erließ die Edo-Regierung sogar ein Gesetz, das das öffentliche Erzählen von Geschichten mit rachsüchtigen Geistern verbot. (Dass das Gesetz unwirksam war, ist klar, wie die schiere Anzahl von Holzschnitten, Büchern und Kabuki-Stücken, in denen Geister vorkommen, in den folgenden Jahrzehnten beweist.)

Grimmige Gespenster: 12

PRINZ MORIYOSHI

Japanischer Name: 護親王
Geschlecht: Männlich
Alias: Morinaga Shinoh, Prinz Morinaga, Daito no miya, Ooto no miya
Todesdatum: 12. August 1335
Todesalter: 27
Todesursache: Hinrichtung
Geistertyp: Onryo
Merkmale: Bekannt dafür, dass er sich als Tengu (s. unten) manifestiert.
Ort der Verehrung: Kamakura-gu Schrein
Schauplatz des Spuks: Kamakura
Attacke: Flüche, strategische Wiedergeburten?
Existenz: Historisch überliefert
Gefahrenstufe: Früher hoch, heute niedrig

Hintergrund

Prinz Moriyoshi ist der zornigste Geist der Stadt Kamakura, einer historischen Stadt (und ehemaligen Hauptstadt), die etwas mehr als eine Stunde von Tokio entfernt liegt.

Er ist ein typischer Onryo, ähnlich wie Michizane oder Sutoku, über die du bereits gelesen hast. Wie diese hat Moriyoshis ungerechter Tod durch politische Rivalen seine Verwandlung in einen wütenden Geist vorangetrieben, der die kaiserliche Familie stürzen will.

Obwohl er heute nicht so bekannt ist wie der Onryo von Sugawara oder Sutoku, blieb Moriyoshis Geist eine so große Bedrohung, dass der Meiji-Kaiser sich gezwungen sah, 1869, mehr als 500 Jahre nach Moriyoshis Tod, einen Schrein zu seinem Gedenken zu errichten.

Die Geschichte

... beginnt im 14. Jahrhundert. Ein Clan von Kriegsherren, bekannt als die Hojo, regiert Japan von der Stadt Kamakura aus in einer Militärdiktatur, die als Shogunat bekannt war, und machte den Kaiser Go-Daigo zu einer Galionsfigur, die in der Stadt Kyoto gefangen gehalten wurde.

Der ehrgeizige Go-Daigo war nicht damit zufrieden, eine Marionette zu sein. Während seiner Herrschaft lancierte er mehrere Komplotte gegen den Hojo-Klan – man kann sie kaum als Staatsstreich bezeichnen, wenn der Kaiser dahintersteckt.

Go-Daigos zweites Komplott löste einen Bürgerkrieg aus, den Genko no ran, in dem Moriyoshi eine Schlüsselrolle spielte. Go-Daigos Truppen griffen Kamakura an, wurden aber ein Jahr später endgültig besiegt. Die Hojo verbannten Go-Daigo auf eine weit entfernte Insel.

Moriyoshi ist Go-Daigos Sohn. Er mag zwar privilegiert aufgewachsen sein, aber er war definitiv kein Schwächling.

Seit seiner Kindheit in den Kampfkünsten ausgebildet, war er ein talentierter und furchtloser Kämpfer. Moriyoshi nahm den Schlachtruf im Namen seines Vaters auf und verbündete sich mit anderen Hojo-Rivalen, um das Shogunat erfolgreich zu stürzen. Nachdem sich der Rauch verzogen hatte und der Kaiser Go-Daigo seinen rechtmäßigen Platz in Kyoto wieder eingenommen hatte, belohnte er Moriyoshi mit dem Titel des Shoguns.

Happy End – richtig? Leider ist Moriyoshis Geschichte hier nicht zu Ende.

Einer der wichtigsten Generäle im Kampf gegen die Hojo, ein Mann namens Ashikaga Takauji, verlangte vom Kaiser, ihm anstelle von Moriyoshi den Titel des Shoguns zu verleihen. Takauji wurde zurückgewiesen und startete seinen eigenen Staatsstreich. Um es kurz zu machen: Takaujis Truppen überwältigten Moriyoshis Truppen schnell und brachten sowohl die Stadt Kamakura als auch den neuen Shogun in Takaujis Hände.

Als unangefochtener Sieger konnte Takauji die Geschichte neu schreiben. Er verteidigte sein Vorgehen, indem er Moriyoshi fälschlicherweise beschuldigte, ein Komplott gegen Kaiser Go-Daigo geschmiedet zu haben. Takauji sperrte den Prinzen/Shogun in einer feuchten Höhle in den Hügeln von Kamakura ein.

Der erfolgreiche Putsch machte Go-Daigo erneut machtlos und zwang ihn, Ashikaga Takauji als Shogun anzuerkennen – und seinen treuen Sohn in einem Loch verrotten zu lassen.

Der Sieg Ashikagas war nur von kurzer Dauer. Als sich Reste des Hojo-Klans neu formierten und einen weiteren Putsch gegen das neue Ashikaga-Shogunat starteten, wurde ein Rebell wie Moriyoshi zu einem potenziell gefährlichen politischen Symbol. Also beauftragte Takaujis Bruder heimlich einen Gefolgsmann, den ehemaligen Shogun zu ermorden.

Der Angriff

Diese Aufgabe fiel einem Samurai namens Fuchinobe Yoshihiro zu, einem erfahrenen Veteranen.

Fuchinobe fesselte und zerrte Moriyoshi aus seiner Zelle. Er zwang den Mann auf die Knie und hob seine lange Klinge. Doch Moriyoshi wich vor dem tödlichen Schlag nicht zurück. Vielmehr versuchte er, die Klinge mit dem Mund abzufangen und biss mit solcher Wucht zu, dass er sie nicht nur zwischen den Zähnen einklemmte, sondern sogar aus dem Knauf herausbrach. Fuchinobe war gezwungen, zu seinem Kurzschwert zu wechseln, um seinen Auftrag zu erfüllen.

Selbst im Tod weigerte sich Moriyoshis enthaupteter Kopf, die Klinge aus der Hand zu geben. Der Ausdruck der Wut auf seinem Gesicht war so unerbittlich, so greifbar, dass selbst ein unerschütterlicher Kampfveteran wie Fuchinobe Angst bekam. Vor Angst lief er weg und ließ den Kopf fallen, den er seinem Herrn eigentlich zurückbringen sollte.

Moriyoshi hatte alles richtig gemacht. Er hatte trainiert. Er hatte seinem Vater beigestanden. Er hatte den Thron für ihn zurückerobert. Und doch beendete er sein Leben in einer dreckigen Höhle und wurde nur zum Zweck einer Hinrichtung kurzzeitig freigelassen. Er war das perfekte Material für einen Onryo.

Die alte japanische Chronik Taiheiki („Geschichte des großen Friedens") schreibt eine Reihe von Unglücken, die der kaiserlichen Familie und dem Shogunat widerfuhren, Moriyoshis zornigem Geist zu und behauptet, dass er bei mindestens einer Gelegenheit als wilder Tengu wieder auftauchte (eine Kreatur, die in Kapitel 1 des „Yokai-Survival-Guides" beschrieben wird).

Außerdem wird eine faszinierende Passage aufgezeichnet – wir werden nie erfahren, wie diese Informationen zustande gekommen sind –, in der eine Gruppe anderer wütender Geister zusammenkam, um zu besprechen, wie Moriyoshi sich am besten rächen könnte. Sie beschlossen, dass der beste Weg die Sache zu vereiteln darin bestünde, dass Morinaga als Sohn des Mannes wiedergeboren würde, der seinen Tod angeordnet hatte – Takaujis Bruder!

Auf diesem Holzschnitt von Yoshitoshi erhält Moriyoshi ehelichen Besuch. Die Legende besagt, dass Moriyoshi während seiner Gefangenschaft einen Sohn mit ihr gezeugt hat und dass sie seinen Kopf weggetragen hat, nachdem Fuchinobe ihn fallen ließ. Ob du es glaubst oder nicht, der Kopf ist immer noch da. Jetzt ist er mumifiziert und wird jeden 15. Januar im Ishifune-Schrein (Stadt Asahibaba, Präfektur Yamanashi) ausgestellt.

Wie du überlebst

Zu deinem Glück scheint dieser besondere Geist erfolgreich besänftigt worden zu sein. Aber es kann nicht schaden, ihm Respekt zu erweisen.

1869 förderte Kaiser Meiji den Bau eines aufwendigen Schreins an der Stelle, an der Moriyoshi hingerichtet wurde. Der Kamakura-gu steht noch heute. Dort kann man sowohl die Höhle als auch die Stelle sehen, an der Fuchinobe Moriyoshis Kopf fallen ließ. Vom Ostausgang des JR-Bahnhofs Kamakura sind es etwa 30 Minuten zu Fuß.

Der Schrein gilt als „Yurei-Spot" und einige Besucher behaupten, dass sie seltsame Empfindungen und Phänomene wie Fehlfunktionen von Kameras erleben. Aber selbst, wenn man nicht gläubig ist, ist es mehr als nur ein wenig beängstigend zu wissen, dass man genau dort steht, wo Moriyoshi sein Leben verloren hat.

Moriyoshis Zelle am Kamakura-gu Schrein

Grimmige Gespenster: 13
HIIMI-SAMA

Japanischer Name: 忌様
Geschlecht: Männlich
Alias: Kainan Hoshi, Kannan Boshi (im Izu-Dialekt)
Geburtstag: Verschiedene
Todesdatum: 1628
Todesalter: Variiert
Todesursache: Durch Ertrinken
Geistertyp: Onryo
Merkmale: Niemand hat eine Begegnung mit ihnen überlebt, um davon erzählen zu können.
Ort der Bestattung: Im Meer rund um die Inseln von Izu
Schauplatz des Spuks: Izu Oshima und andere Inseln von Izu
Attacke: Verschiedene (s. S. 66)
Existenz: Historisch überliefert
Gefahrenstufe: Hoch

Hintergrund

Yurei, die die Inseln von Izu heimsuchen. Sie sind die Seelen von 25 Einheimischen, die es auf sich genommen haben, die Inseln von einem Unterdrücker zu befreien, aber von den anderen Bewohnern abgewiesen wurden, als sie Zuflucht suchten. Unter den Namen „Hiimi-sama" („verehrte Seelen, die betrauert werden müssen") und „Kainan Hoshi" („heilige Männer, die auf dem Meer verschollen sind") spuken ihre Geister bis heute auf den Inseln herum. Wenn sie zurückkehren – und das tun sie einmal im Jahr – denkt kein Inselbewohner bei klarem Verstand daran, sein Haus zu verlassen.

Die Geschichte

Schauplatz ist Izu Oshima, die größte einer Kette von Vulkaninseln, die sich südlich der Izu-Halbinsel in den Pazifik erstrecken. Obwohl die Inseln heute verwaltungstechnisch als Teil von Tokio behandelt werden, ist für eine Reise dorthin immer noch ruhige See erforderlich. Man kann sich also vorstellen, wie schwierig es in früheren Zeiten gewesen sein muss, sie mit Holzbooten zu erreichen.

Wir schreiben die Mitte des 17. Jahrhunderts. Der Gouverneur ist gekommen, um seine jährlichen Steuern einzutreiben – die auf den Inseln in Salz und nicht wie auf dem Festland in Reis bezahlt werden. Aber es war ein schwieriges Jahr. Waldbrände haben die örtliche Industrie vernichtet; Lebensmittel jeglicher Art sind knapp, von raffiniertem Salz ganz zu schweigen. Dennoch akzeptiert der Gouverneur kein Nein als Antwort. Die Steuer muss gezahlt werden. Er zwingt die Inselbewohner, ihre eigenen Vorratskammern nach Kartoffeln zu durchsuchen, ihre einzige Nahrungsquelle bis zum nächsten Frühjahr. Das war schon schlimm genug, aber als er begann, die Dienste der jungen Frauen des Dorfes zu verlangen, fasste eine Gruppe von 25 jungen Männern den verhängnisvollen Entschluss, sich ihm entgegenzustellen.

Da sie zweifellos wussten, dass die Sache nicht gut ausgehen würde, trennte sich die Gruppe, um ihre Umgebung zu warnen. „Verlasst eure Häuser nicht. Schaut nicht nach draußen und macht keinen Lärm. Und

was immer ihr tut, schaut nicht auf das Meer." Dann versammelten sich die Männer erneut. Sie spürten den Gouverneur auf (eine leichte Aufgabe, wenn man bedenkt, wie lautstark er sich mit einem Mädchen aus dem Ort vergnügte), zerrten ihn nach draußen und schlugen, traten und prügelten ihm das Leben aus dem Leib.

Nun, da die Tat vollbracht war, wussten sie, dass sie fliehen mussten. Ein Verbleib würde den Zorn des Shoguns über die gesamte Insel bringen. Da sie keinen der Dorfbewohner als Komplizen mit einbeziehen wollten, bauten sie lieber in aller Eile ein Boot, als eins zu kapern. Sie zogen sich zum Hachikama-Schrein zurück, fällten eine der heiligen Zedern und bauten daraus in Windeseile ein großes Einbaumboot. Mit 25 Männern war eine Arbeit, die normalerweise Tage dauern würde, in wenigen Stunden erledigt, und die Gruppe brach noch vor dem Morgengrauen auf, um auf einer der benachbarten Inseln Zuflucht zu suchen.

Im Morgengrauen gingen sie an Land und marschierten in das nächstgelegene Dorf, um dort um Unterkunft zu bitten, wenn auch nur für eine Nacht. Doch als die Einheimischen hörten, was die Männer getan hatten, wiesen sie sie schnell ab. Immer wieder wurden die Männer von Dorfbewohnern, die zu ängstlich waren, um ihnen Zuflucht zu gewähren, zurück aufs Meer geschickt. So unternahmen sie eine letzte Reise ins Meer, von der sie nie mehr zurückkehren sollten. Es war der 24. Januar.

Der Angriff

Jedes Jahr am 24. Januar kehren die wütenden Seelen der Toten zurück und suchen die Häfen und Strände der Izu-Inseln und insbesondere von Izu Oshima heim. Generationen von Einheimischen büßen für das Versäumnis ihrer Vorfahren, den Hiimi-sama Schutz zu gewähren, indem sie ihre Türen verriegeln, die Fensterläden schließen, den Blick auf das Meer vermeiden und aus keinem Grund das Haus verlassen. (Und wir meinen JEDEN Grund. In alten Zeiten, als es noch keine Sanitäranlagen in Gebäuden gab, bedeutete dies sogar, dass man sich im Haus in einen Eimer erleichterte, anstatt die Toilette aufzusuchen.)

Diejenigen, die töricht genug waren, sich im Laufe der Jahre nach draußen zu wagen, sollen blutüberströmt, geblendet oder durch den Anblick von Hiimi-sama in den Wahnsinn getrieben worden sein. Und das ist nur der beste Fall. Andere sind tot ... oder überhaupt nicht zurückgekehrt.

Wie du überlebst

Hast du nicht richtig gelesen? Schau auf den Kalender. Ist heute der 24. Januar? Befindest du dich zufällig auf Izu Oshima? Bleib drinnen! Und hör auf, so einen Krach zu machen!

Yokai Connection

Die Hiimi-sama ähneln oberflächlich betrachtet einem Yokai, der etwas verwirrend „Funa Yurei" genannt wird („Schiffsgeister" oder „Seegeister" – siehe „Yokai-Survival-Guide"). Der Hauptunterschied zwischen den beiden besteht darin, dass die Hiimi-sama die Seelen einer Gruppe bestimmter Personen sind, die bei einem bestimmten Vorfall ums Leben gekommen sind, während die Funa Yurei nicht mit einer bestimmten Person in Verbindung stehen, sie symbolisieren vielmehr das allgemeine Konzept des Sterbens auf See. Zur Erinnerung: Yurei sind in der Regel „jemand", während Yokai eher „etwas" sind.

KAPITEL 3:
Schwermütige Seelen

UKAI KANSAKU　　　　68
MIYAGI　　　　　　　72
AMEKAI YUREI　　　　76
DIE OKIKU-PUPPE　　 80
FURISODE KAJI　　　 84
DER FUTON AUS TOTTORI 88

Nicht jeder Yurei wird durch Wut oder Hass angetrieben. Auch ein Gefühl von Verlust kann ein mächtiger Katalysator sein. Diese Geister werden von Liebe, Familienbanden und mütterlicher Hingabe angetrieben.

Schwermütige Seelen: 14
UKAI KANSAKU

Japanischer Name: 鵜飼勘作
Geschlecht: Männlich
Alias: Taira Tokitada
Geburtsjahr: 1130
Todesjahr: 1189
Todesalter: 58
Todesursache: Durch Ertrinken
Geistertyp: Jibakurei
Merkmale: Trägt traditionelles Fischer-Gewand
Ort der Bestattung: Isawa-Fluss
Schauplatz des Spuks: Isawa-Fluss
Attacke: Unaufhörliche Manifestierungen
Existenz: Historisch überliefert
Gefahrenstufe: Niedrig

Hintergrund

Ukai bedeutet „Kormoranfischerei": die Kunst, mit Hilfe von dressierten Wasservögeln Fische zu fangen. Ukai Kansaku war einer dieser unerschrockenen Männer, aber seine unglückliche Wahl der Fischgewässer führte zu seinem vorzeitigen Ableben – und seiner Rückkehr als Geist.

Die Geschichte

Nichiren wusste sofort, dass etwas nicht stimmte, als er den winzigen Ort betrat.

Der buddhistische Mönch war weit durch die Lande gereist, um den Menschen in Not zu helfen. Auf seinen verschiedenen Stationen war er schon oft mit Krankheit, Gewalt und sogar dem Tod konfrontiert worden. Aber so etwas hatte er noch nie gesehen. Am späten Nachmittag waren die Wege des Dorfes menschenleer, die kleinen, schäbigen Häuser verschlossen, der nahe gelegene Isawa-Fluss still, obwohl er eigentlich von den Geräuschen der Kinder, der Waschfrauen und der Fischer erfüllt sein sollte, die ihrem Alltag nachgingen.

Verwirrt wanderte der Mönch zum Flussufer. Am Ufer lagen leere und ausgediente Fischerboote, die die Ukai-Fischer mit ihren Vögeln transportierten, und ihre Netze mussten dringend repariert werden. War die Pest in diese Gegend gekommen? Oder drohte ihnen ein Bösewicht mit Unheil? Als er ins Dorf zurückkehrte, erblickte er wachsame Augen, die aus den Ritzen zwischen den Brettern lugten, und hörte leises Flüstern in den Häusern. Hier lebten also tatsächlich Menschen. Was in aller Welt hatte ihnen Angst eingejagt? Nichiren war entschlossen, das herauszufinden.

Als er seine Mission erläuterte, fragte er sie, warum sie sich zur besten Tageszeit einschlossen. Er erfuhr, dass es nicht das Wetter, die Pest oder der Krieg war, was ihnen Angst einjagte. Es war ein Geist. Ein Geist, der sich weigerte zu gehen.

Der Angriff

Dem Dorfältesten zufolge stieg das Gespenst aus dem Wasser, streifte gurgelnd und stöhnend durch die Gegend und versetzte jeden in Angst und Schrecken, da sein Gesicht von Wasser bedeckt war. Niemand trifft gerne einen Geist, aber in einem Land, in dem es weitaus schrecklichere Dinge gibt, erschienen dem neugierigen Mönch die verzweifelten Versuche der Dorfbewohner, das Gespenst zu vertreiben, als übertrieben. Nichiren machte sich auf den Weg zu dem Nebenfluss, an dem der Geist am häufigsten erschien. Er setzte sich ans Ufer, meditierte und wartete darauf, dass er sich zeigte und musste nicht

Yoshitoshis Darstellung des sich am Flussufer abspielenden Dramas. Farbholzschnitt von 1885.

lange warten. Nichiren sprach den Geist direkt an. Was er von dem Geist erfuhr, war das dunkelste Geheimnis des Dorfes – die Geschichte eines brutalen Mordes.

Der wahre Name des Geistes war Taira Tokidata, geboren als Aristokrat und aufgewachsen als Krieger. Seine Familienlinie hatte lange Zeit ganz Japan regiert. Doch dann entbrannte ein erbitterter Kampf zwischen den Taira und einem rivalisierenden Clan namens Genji.

Die Taira hielten sich bis zur Schlacht von Dan-no-Ura im Jahr 1185 in einer unsicheren Position auf dem Thron. Die Schlacht löschte jedoch die Taira fast von der Landkarte aus. Tokitada gehörte zu einer Handvoll Überlebender.

Es war oft üblich, dass neue Herrscher die Gefolgsleute der alten töteten. Doch das Glück war wieder auf der Seite Tokitadas. Während der Schlacht war er damit beauftragt worden, einen heiligen Spiegel zu beschützen, eines der drei kaiserlichen Insignien, die dem Kaiser Legitimität verliehen. Anstatt sich und den Spiegel ins Meer zu stürzen, übergab er ihn den Siegern. Im Gegenzug verschonte Yoritomo, der Anführer der Genji und baldige Shogun, Tokitadas Leben und verurteilte ihn nicht zum Tode, sondern zur Verbannung.

Tokitada, der einst zur Oberschicht gehörte, fristete nun ein Leben in Armut. Zum Glück hatte er als Junge gelernt, wie man Kormorane fängt und abrichtet, damit sie für ihn fischen. Diese vage Erinnerung an seinen Kindheitsspaß sollte nun als sein Rettungsanker dienen.

Er nahm einen neuen Namen an, Kansaku, und begann, auf der Suche nach einem neuen Leben durch die Landschaft zu ziehen. Nach vielen Tagen entdeckte er einen besonders vielversprechenden Nebenfluss und ließ seine Vögel los. Fast augenblicklich erschien ein Trupp Einheimischer. Sie waren wütend darüber, dass der Eindringling das größte Tabu ihres Dorfes gebrochen hatte: Das Fischen in einem heiligen Flussabschnitt, in dem noch nicht mal Insekten sterben durften.

Kansaku beteuerte seine Unwissenheit und bat um Vergebung. Aber der Mob ließ sich nicht beirren. Sie schlugen ihn, wickelten ihn fest in eine Strohmatte und warfen ihn in das kalte Wasser des Flusses, woraufhin er wie ein Stein versank. Es war weder ein angenehmer noch ein gerechter Tod gewesen, und deshalb sah er sich nun gezwungen zu bleiben.

Als Nichiren die traurige Geschichte hörte, konnte er nur den Kopf schütteln. Wie wenig auch immer die Dorfbewohner Erleichterung verdienten, das Mindeste, was er tun konnte, war, einen Weg zu finden, Kansaku von seinen Fesseln der physischen Welt zu befreien.

Nichiren glaubte fest an die Kraft des Lotus-Sutra (und gründete später eine einflussreiche buddhistische Sekte, die sich auf dieses Sutra stützte). Er begann, Steine vom Flussufer zu sammeln. Einen nach dem anderen bemalte er mit einem einzelnen Zeichen aus dem Sutra und warf sie in die Gewässer, die Kansakus Wassergrab markierten, insgesamt fast 70.000 Zeichen.

Nichiren aß weder etwas, noch schlief er während der drei Tage und drei Nächte, die er brauchte, um das Sutra zu vollenden. Als er fertig war, erschien Tokitada aka Kansaku ein letztes Mal, sprach seinen Dank aus und ging in die Geisterwelt zurück.

Wie du überlebst
Das ist ein Geist, der deine Hilfe braucht. In solchen Situationen geht es nicht um persönliche Sicherheit, sondern darum, eine verlorene Seele an einen besseren Ort zu führen. Bleib ruhig. Setz dich und hör zu. Zumindest kannst du eine interessante Geschichte hören. Und wer weiß – vielleicht löst du ja das Problem, wieso ein Geist nicht ins Jenseits geht.

ÜBERBLEIBSEL DES SPUKS
Einige der Steine, die Nichiren in den Fluss geworfen hat, sind in einem verzierten Behälter im Ukaisan-Onmyo-Tempel (links) ausgestellt. Er befindet sich in der Präfektur Yamanashi, 1,5 Zugstunden westlich von Tokio. Sowohl der Tempel als auch der Fluss, in dem Kansaku sein Ende fand, sind nur einen kurzen Spaziergang vom Bahnhof Isawa Onsen entfernt, der mit dem JR Kaiji Express vom Bahnhof Shinjuku aus zu erreichen ist.

Schwermütige Seelen: 15
MIYAGI

Japanischer Name: 宮木
Geschlecht: Weiblich
Alias: „Unkraut überwuchertes Haus" aus Ugetsu Monogatari („Unter dem Regenmond")
Todesjahr: 1456
Todesursache: Liebeskummer
Merkmale: Rußgeschwärzte Haut, ungepflegtes Haar, eingefallene Augen. Ansonsten keine geisterhaften Züge
Ort der Bestattung: Unbekannt
Schauplatz des Spuk: Mama Dorf (momentan Ishikawa, Sakura City, Präfektur Chiba)
Attacke: Keine
Existenz: Wahrscheinlich fiktiv
Gefahrenstufe: Niedrig

Hintergrund

Die tragische Geschichte des Bauern Katsushiro und seiner treuen Frau Miyagi ist nicht das erste Beispiel in der japanischen Literatur für einen ehelichen Besuch aus dem Jenseits, aber das bekannteste.

Die Geschichte

Katsushiros Familie hatte lange Zeit von den Reisfeldern ihres Dorfes gelebt, aber die harte Arbeit des Reisanbaus war nie etwas für den jungen Träumer. Nachdem er die Felder von seinen leidgeprüften Eltern geerbt hatte, schlief Katsushiro lange aus, vernachlässigte die Ernte und trieb seine restliche Familie an den Rand des Ruins, bevor er einen Plan zur Wiederbelebung seines Glücks fasste. Verzaubert von der Romantik und dem potenziellen Reichtum eines Wanderlebens, verkaufte Katsushiro eines Frühjahrs die Reisfelder der Familie, kaufte Seide und traf Vorbereitungen, um in die weit entfernte Hauptstadt Kyoto zu ziehen.

Trotz seiner Faulheit und seines schwindenden Vermögens hatte Katsushiro in seiner Ehe Glück gehabt: Seine Frau Miyagi war eine Frau von ungewöhnlicher Schönheit und Intelligenz. Sie war nicht davon überzeugt, dass es klug war, die Felder zu verkaufen – ein Vermögen mit einem bescheidenen, aber praktisch garantierten Ertrag – und flehte ihren Mann an, seinen Plan aufzugeben. Aber dies war das mittelalterliche Japan, und in seinem Zuhause war er der Herrscher. Der hartnäckig entschlossene Katsushiro wies die Bedenken seiner Frau mit dem Versprechen zurück, heimzukehren, bevor die Herbstblätter fielen.

In der Hauptstadt konnte Katsushiro alle seine Stoffe mit einem ordentlichen Gewinn verkaufen. Vielleicht hatte er ja doch seine Berufung gefunden! Doch dann kam es zu einer Entwicklung, die Katsushiro unmöglich vorhersehen konnte: Zwischen rivalisierenden Kriegsherren brach ein Kampf aus und die Truppen der unterlegenen Seite zogen sich in genau die Provinz zurück, in der sein Dorf lag. Es dauerte nicht lange, und im ganzen Land tobte ein Bürgerkrieg, der weite Teile des Landes von der Außenwelt abschnitt.

Zurück im Dorf wartete Miyagi sehnsüchtig auf die Rückkehr ihres Mannes, aber der Herbst kam und ging ohne ein Zeichen von Katsushiro. Das folgende Jahr erwies sich als noch schlimmer für die Reisenden, da plündernde Banden in die nun gesetzlosen Dörfer und Städte der Region eindrangen. Belagert von einer Mischung aus Freiern, Soldaten und Banditen, die darauf erpicht waren, die Bekanntschaft einer scheinbar alleinstehenden

Frau zu machen, verbarrikadierte sich die junge Miyagi in ihrem Haus mit rasch schwindenden Vorräten und wartete ... wartete ... und wartete. Es sollte sieben Jahre dauern, bis sich der Konflikt entspannte und Katsushiro endlich zurückkehren konnte.

Obwohl Katsushiro von den Kämpfen in seiner Heimat wusste, betrachtete er die Verwüstung, die ihn nun umgab, mit einer Mischung aus Ehrfurcht und Entsetzen. Die Brücke des Dorfes war in den Fluss gestürzt. Einst gut ausgetretene Fußwege waren von hohem Unkraut überwuchert. Die wenigen Häuser, die noch standen, sahen nicht so aus, wie er sie in Erinnerung hatte, und trugen Familiennamen, die er nie gehört hatte. Seinen eigenen konnte er nur anhand einer großen Kiefer erkennen, die auf seinem Grundstück stand, obwohl sie durch einen Blitzeinschlag bedrohlich entzweigerissen worden war. Doch sein Herz machte einen Sprung, als er sein altes Haus sah, das wie immer neben dem Baum stand und offenbar unbeschädigt war. In einem Fenster flackerte sogar ein Licht – seine Frau war zu Hause! Katsushiros Herz begann zu klopfen, als er sich der Tür näherte.

Noch bevor Katsushiro seine Gedanken ordnen konnte, stand Miyagi vor ihm, immer noch schön, trotz des zerzausten Haars, der abgetragenen Kleidung und der schmutzigen Haut. Wortlos umarmten sich die beiden. Drinnen erklärte Katsushiro, warum er so lange gebraucht hatte. Er hatte schon vor Jahren versucht zurückzukehren, war aber unterwegs von Banditen seines Geldes und seiner Besitztümer beraubt worden. Ihm blieb nichts anderes übrig, als nach Kyoto zurückzukehren, wo er als Bettler lebte und sich das Geld für die lange Reise nach Hause zusammensparte. Das wieder glückliche Paar unterhielt sich die ganze Nacht hindurch.

Der Angriff

Früh am nächsten Morgen, wurde Katsushiro durch das sanfte Tröpfeln von Wasser auf seinem Gesicht geweckt. Durch die Wolken hindurch konnte er den abnehmenden Mond erkennen, der wunderschön über ihm schien. Moment mal ... wo war das Dach? Katsushiro saß kerzengerade auf dem dicken Futon, auf dem er geschlafen hatte. Jetzt befand er sich in einem baufälligen Raum, dessen Dach weggerissen war und den Blick auf die Elemente freigab. Unkraut wucherte überall hervor. Er eilte zu einem Fenster und warf das Skelett eines Shoji-Schirmes beiseite, dessen Papier längst zu Staub geworden war. Der Garten des Hauses, der einst mit sorgfältig gepflegten Kräuterreihen gefüllt war, war ein Labyrinth aus sich windenden Ranken.

Vergiss das Dach. Wo war seine Frau? Katsushiro stürzte in die Überreste seines Hauses und rief immer wieder nach Miyagi. Als er in das gemeinsame Schlafzimmer zurückkehrte, stellte er fest, dass die Dielen in einer Ecke hochgezogen worden waren. Als er in den Raum spähte, sah er etwas, das wie ein winziger Grabhügel aussah, der auf dem irdenen Fundament stand. Davor lag, aufgespießt auf einen angespitzten Stock, ein kleines Stück fleckiges Papier mit verblasster Schrift. Katsushiro riss den Zettel ab und fand ein Gedicht in der unverwechselbaren Handschrift seiner Frau:

> In dem Glauben, dass er bald zurückkehren würde, betrogen von meinem eigenen Herzen, lebte ich bis heute weiter.

Später fand Katsushiro heraus, dass seine Frau schon vor Jahren starb.

Wie du überlebst

Dein Leben ist durch einen Yurei wie Miyagi nicht in Gefahr. Aber du kannst dir ja vorstellen, wie es sich anfühlt, wenn du deine Frau auf der Suche nach Reichtum zurücklässt. Was hast du dir dabei gedacht? In Wirklichkeit ist diese Geschichte eher eine moralische Allegorie als eine Horrorgeschichte. Die Moral von der Geschicht: Denk' immer an die Konsequenzen deines Handelns für deine Lieben hier – oder bereite dich darauf vor, sie im Jenseits zu erleben.

Trivia

Der Regisseur Kenji Mizoguchi wählte diese Episode als Schwerpunkt für seine 1953 uraufgeführte Kinoversion von „Ugetsu Monogatari". Sie gilt weithin als einer der Klassiker des japanischen Films. In jenem Jahr gewann er den Silbernen Löwen für die beste Regie bei den Filmfestspielen von Venedig und steht auch heute noch auf den Bestenlisten ganz oben. Für den ausländischen Markt wurde der Titel des Films auf „Ugetsu" gekürzt.

> **SINNLICHER SPUK:**
> Diese Begegnung hat eine Ähnlichkeit mit der eines Kitsune, einem fuchsähnlichen Yokai, der gerne das Aussehen schöner Frauen nachahmt (siehe „Yokai-Survival-Guide"). Die beste Methode, um zwischen Yokai- und Yurei-Phantomfrauen zu unterscheiden ist, Katsushiros Beispiel zu folgen und nach einem Grabhügel in der Nähe Ausschau zu halten: Das Vorhandensein menschlicher Überreste ist ein starker Hinweis auf einen Yurei.

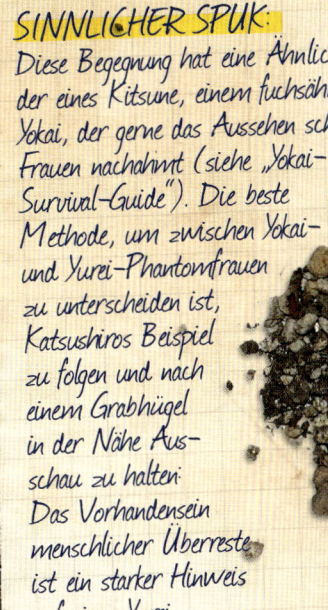

Schwermütige Seelen: 16

AMEKAI YUREI

Japanischer Name: 飴買い幽霊
Geschlecht: Weiblich
Alias: „Der Geist, der Süßes kauft" (wortwörtlich), Kosodate Yurei („Der kindererziehende Geist")
Beruf: Hausfrau und Mutter
Geburtsjahr: Unbekannt, wahrscheinlich Ende 16. Jhd.
Todesjahr: 1599?
Todesalter: Frühes Erwachsenenalter
Todesursache: Armut
Geistertyp: Kosodate Yurei
Merkmale: Scheinbar normale, wenn auch verarmte junge Frau
Ort der Bestattung: Daioji Tempel, auch andere
Schauplatz des Spuks: Matsue, Kyoto; auch andere
Attacke: Nicht bekannt
Existenz: Fiktiv??
Gefahrenstufe: Niedrig

Hintergrund

Der Geist, der Süßigkeiten kauft, ist eine der berühmtesten Geistergeschichten Japans. Die bekannteste Version stammt aus der Stadt Matsue und wurde von dem legendären Folkloristen Lafcadio Hearn erzählt.

Obwohl es kein bestimmtes Datum gibt, das mit dem Geist in Verbindung gebracht wird, spielt die Geschichte nicht in der Neuzeit. Man geht davon aus, dass sie auf die „Aufzeichnungen von Yi Jian" zurückgeht, einem chinesischen Text aus dem 13. Jahrhundert, der so etwas wie ein Grimmsches Märchen für das China der Song-Ära ist. Er enthält eine Geschichte über einen „Reiskuchen kaufenden Geist", die viele Ähnlichkeiten mit dem späteren japanischen Märchen aufweist.

Die Geschichte

Eines späten Abends hatte ein bestimmter Süßwarenladen schon längst seine Läden geschlossen, als es an der Tür klopfte. Der Ladenbesitzer, ein älterer Mann, der schon seit Jahren in der Gemeinde tätig war, wunderte sich, um diese Uhrzeit jemanden zu empfangen – normalerweise hielten sich die jungen Kunden des Ladens um diese Zeit alle bei ihren Familien auf. Er war noch verwunderter, als er die Tür öffnete. Vor ihm stand kein Kind, sondern eine erwachsene Frau, und eine wunderschöne noch dazu. Noch seltsamer war ihr Outfit: Von Kopf bis Fuß weiß, eine Farbe, die normalerweise für Beerdigungszeremonien reserviert ist.

Die Frau entschuldigte sich dafür, dass sie ihn nach Feierabend belästigt hatte, und bat den Ladenbesitzer, ihr ein paar Süßigkeiten zu verkaufen. Alles, was sie sich leisten konnte, war ein Sen – selbst nach mittelalterlichen Maßstäben eine lächerliche Summe, aber der Ladenbesitzer kam ihr gerne entgegen und packte ihr ein einziges Kandiszuckerbonbon ein. Die geheimnisvolle Frau bedankte sich ausgiebig, drehte sich um und verschwand in der Nacht. In den folgenden fünf Tagen spielte sich die gleiche Szene wie ein Uhrwerk ab. Das spätabendliche Klopfen an der Tür. Die Frau in Weiß. Der einzelne Sen, der gegen ein Stück billiger Süßigkeiten eingetauscht wird. Der Aufbruch in die Dunkelheit.

Das Interesse des Ladenbesitzers wurde durch diese seltsame Aktivi-

tät nach Ladenschluss geweckt, aber er war sich nicht sicher, was er tun sollte. Die Frau war zwar seltsam gekleidet, aber sie schien höflich genug zu sein. Und sie tat sicherlich nichts Unrechtes; sie bezahlte ihn sogar für seine Ware. Aber irgendetwas stimmte definitiv nicht. Die Frage war nur, was.

Die Antwort kam am 7. Tag. Inzwischen hatte sich der Ladenbesitzer an das nächtliche Klopfen an seiner Tür gewöhnt. Doch dieses Mal war es anders, das konnte man an ihrem niedergeschlagenen Gesichtsausdruck erkennen. Sie habe ihren letzten Sen ausgegeben, sagte sie, aber sie brauche dringend ein weiteres Bonbon. Könnte er ihr noch eins geben? „Das wird das letzte Mal sein, dass ich Sie belästige", schluchzte sie. Zum Glück war der Ladenbesitzer ein freundlicher Mensch. Er überlegte nicht einmal lange, bevor er ihr ein Bonbon überreichte – kostenlos. Und wieder einmal machte die Frau auf dem Absatz kehrt und verschwand in der Dämmerung. Er mochte freundlich sein, aber auch neugierig. Er ließ ein paar Augenblicke verstreichen, um genügend Abstand zwischen ihnen aufzubauen, dann schlich sich der Ladenbesitzer hinaus und begann, der fremden Frau zu folgen.

Er folgte ihr die Straße hinunter und um eine Ecke. Der Weg führte sie weg von der Wohngegend, in den örtlichen Tempel. Tatsächlich tauchte die Frau in Weiß durch den Seiteneingang am Tor des Tempels auf. Der Ladenbesitzer huschte voraus und schlüpfte hinter ihr her. Sie war nicht auf dem Weg zum eigentlichen Tempel, sondern direkt zum Friedhof. Mitten in der Nacht. Mit Süßigkeiten. Warum in aller Welt?

Der Ladenbesitzer war nicht gerade der Typ, der gerne über einen dunklen Friedhof schlenderte, aber er war schon zu weit gekommen, um jetzt umzukehren. Als er um einen Grabstein herumschaute, erblickte er die Frau wieder, die an einem bestimmten Grab innehielt. Hatte sie die Süßigkeiten als Opfergabe hinterlassen? In diesem Moment drehte sie sich auf unerklärliche Weise zu dem Ladenbesitzer um und fixierte ihn mit ihrem Blick. Aber er war mucksmäuschenstill gewesen! Der alte Mann wurde kreidebleich, sein Körper erstarrte vor Schreck.

Eine Vintage Sen-Münze, sechs davon verschaffen dir Zugang zur Unterwelt.

Der Angriff

Gerade als der Bonbonverkäufer sich zum Handeln zwingen wollte, leuchtete die Frau für einen Moment wie von einer inneren Flamme erhellt auf und verschwand prompt aus seinem Blickfeld, wobei ihre Augen sein Gesicht nicht verließen.

Auf dem Friedhof war es wieder dunkel und still. Als er wieder zu sich kam, machte sich der Ladenbesitzer auf den Weg zu dem Grab, an dem sie zuletzt gestanden hatte. Es war frisch, das konnte er erkennen. Aber von der Frau war nichts zu sehen, nicht einmal die Süßigkeiten.

Er hörte Geräusche, die ihm vertraut und doch völlig fehl am Platz waren. Der Ladenbesitzer versuchte zu lauschen und nahm das deutliche, aber gedämpfte Wimmern eines Babys wahr. Das konnte nicht sein ... Der Ladenbesitzer ließ sich fallen und presste ein Ohr auf den Boden. Jetzt war es nicht mehr zu überhören. Das Weinen kam aus dem Grab selbst!

Der Ladenbesitzer eilte zum Tempel und kehrte mit den Mönchen zurück – und einer Schaufel. Eilig gruben sie das Grab aus und zogen den Sarg aus dem Boden, während das Weinen des Babys immer lauter wurde. Als sie den Deckel abhoben, fanden sie ein völlig gesundes Neugeborenes, das in seiner winzigen Hand eine Süßigkeit hielt und liebevoll in den Armen einer toten, in Weiß gekleideten Frau lag. Sie war es.

Als die Mönche die seltsame Geschichte des Verkäufers hörten, vermuteten sie, dass die Frau schwanger war als sie starb und es irgendwie geschafft hatte, ihr Kind im Grab zur Welt zu bringen. Bei japanischen Beerdigungen wurden den Toten traditionell sechs Sen mitgegeben, um den Fährmann am Fluss Sanzu (Japans Styx) zu bezahlen und genau mit diesen Münzen hatte sie die Süßigkeiten gekauft, die ihr Kind in der Enge des Sarges am Leben hielten. Was für ein Glück, dass der Süßigkeitenverkäufer ihr in dieser letzten Nacht gefolgt war!

Wie du überlebst

Zum Glück gibt es in Kyoto einen Süßwarenladen, der genau für solche Gelegenheiten Bonbons herstellt: Die Yurei Kosodate Ame („Geisterkind-Bonbons"). Der Laden heißt Minatoya und befindet sich in Kyotos Bezirk Higashiyama, nur einen Steinwurf vom Rokudo Chinnoji-Tempel entfernt. Es kann sicher nicht schaden, sich einen Vorrat zuzulegen, wenn man mal einer Geistermutter begegnet … oder ihren Kindern. Wo sonst kann man diese Art von „Versicherung" für nur 500 Yen kaufen?

Wer nicht in der Lage ist, Kyoto zu besuchen, kann die Süßigkeiten auch in der Shinjuku-Filiale des Isetan-Kaufhauses in Tokio kaufen.

Yurei Kosodate Ame.

Schwermütige Seelen: 17
DIE OKIKU-PUPPE

Japanischer Name: お菊人形
Geschlecht: Weiblich
Beruf: Eine Puppe sein
Herstellung: Ca. 1918
Höhe: 40 cm
Geistertyp: Verfluchte Puppe
Merkmale: Japanische Puppe, trägt einen Kimono, schwarze Haare
Ort der Bestattun: Mannenji Tempel, Hokkaido
Attacke: Treibt Leute mit ständig wachsendem Haar in den Wahnsinn
Existenz: Echt
Gefahrenstufe: Niedrig

Hintergrund

Erstaunlich viele Japaner geben an, Angst vor Puppen zu haben – nicht vor Barbie oder Plüschtieren, sondern vor traditionellen japanischen Puppen eines bestimmten Stils. Wer nach den Wurzeln dieses Schreckens sucht, braucht nicht weiter zu suchen als nach der Okiku-Puppe. Sie ist die prototypische, stereotype Spukpuppe der Folklore. Die Okiku-Puppe nimmt im Herzen der Japaner den gleichen Platz ein wie „Chucky" im Herzen der Amerikaner, mit einem entscheidenden Unterschied: Die Geschichte ist nicht erfunden, und die Puppe befindet sich bis heute in einem bestimmten Tempel.

> *Eine klassische Kinderfrisur, die nach dem Yokai benannt ist, siehe Yokai-Survival-Guide* →

Die Geschichte

Die Geschichte der Okiku-Puppe ist relativ jung. Sie beginnt am Freitag, dem 15. August 1919, als der 18-jährige Eikichi Suzuki die Ausstellung zur Jahreshälfte besuchte. Die Veranstaltung, die in der Innenstadt von Sapporo stattfand, feierte den 50. Jahrestag der Öffnung der Insel Hokkaido für die Besiedlung. Es war die größte Ausstellung, die damals außerhalb einer Großstadt stattfand, und bot Dutzende von Exponaten, die sich mit den lokalen Industrien wie Bergbau, Holzeinschlag, Landwirtschaft und Meeresbiologie befassten. Vertreter aus so weit entfernten Ländern wie Sachalin, Korea und Taiwan sponserten Pavillons. Während der einmonatigen Dauer der Ausstellung besuchten fast 1,5 Millionen Menschen die Messe. Es war eine großartige Veranstaltung, die größte, die Hokkaido je gesehen hatte, und Eikichi muss sich schon darauf gefreut haben, denn er besuchte sie kurz nach der Eröffnung.

Eikichis jüngere Schwester, Kikuko, war erst drei Jahre alt und zu klein, um ihn auf seiner Reise zu begleiten. Aber das kleine Mädchen muss in seinen Gedanken gewesen sein, denn auf dem Rückweg nach Hause hielt er in der Tanuki-Straße in Sapporo, der größten Einkaufspassage der Stadt, um ein Geschenk für sie zu besorgen. Es war eine wunderschöne japanische Puppe in einem winzigen Seidenkimono, deren elfenbeinfarbenes Gesicht von kurzen Haaren gekrönt wurde, ==die im Englischen als „bowl-cut" und im Japanischen als Okappa bekannt sind.==

Es war ein tolles Geschenk. Kikuko trug ihre neue Puppe überall mit hin und nahm sie nachts sogar mit ins Bett. Doch in jenem Winter, kurz nach dem Jahreswechsel, wurde Kikuko krank. Die Spanische Grippe wütete auf der ganzen Welt, und die Regierung hatte den

80 · Der Yurei-Survival-Guide

Reiseverkehr von und zu den Inseln stark eingeschränkt, um die Ausbreitung der Krankheit zu verhindern. Die Quarantänemaßnahmen halfen zwar, waren aber nicht vollständig wirksam. Letztendlich erlag eine Viertelmillion Japaner dem tödlichen Virus. Kikuko, die am 24. Januar 1920 verstarb, war eine von ihnen.

Der Verlust war für die Familie ein schwerer Schlag. Der Tradition folgend, stellten sie die Urne mit Kikukos Asche auf ihren buddhistischen Altar. Eikichi stellte ihre Lieblingspuppe daneben. Die Familie betete täglich vor dem Altar und eines Tages bemerkte Eikichi etwas Seltsames ...

Der Angriff

Die Haare der Puppe schienen zu wachsen. Es dauerte nicht lange, bis die Haare die kleinen Schultern der Puppe erreicht hatten.

Die Familie hatte jedoch keine Angst. Sie glaubten, dass die Seele ihrer Tochter in die Puppe eingezogen war, und pflegten den Altar weiterhin täglich.

Springen wir 20 Jahre vorwärts ins Jahr 1938. Eikichis Eltern waren schon lange verstorben. Der Krieg stand vor der Tür, und Eikichi war zur kaiserlichen Armee eingezogen worden. Als er den Befehl erhielt, mit seinem Regiment nach Sachalin zu gehen, wusste er, dass er nicht in der Lage sein würde, sich um Kikukos Asche und ihre Puppe zu kümmern. Er überließ beides seinem örtlichen buddhistischen Tempel, dem Mannenji, zur sicheren Aufbewahrung.

Wir wissen nicht, welche Grausamkeiten Eikichi auf den Schlachtfeldern im hohen Norden erlebt hat, aber es ist offensichtlich, dass Kikuko immer in seinen Gedanken war. Als er nach dem Krieg zurückkehrte und nur knapp einer Gefangennahme entging,

Geliebte Puppen werden für ihre Verabschiedung in einer Ningyo Kuyo-Zeremonie (Puppenbeerdigung) vorbereitet.

als die Russen die japanischen Verteidigungsanlagen überrannten, ging er vom Bahnhof direkt zum Mannenji-Tempel. Was er dort sah, schockierte ihn: Das Haar der Puppe reichte nun fast bis zu ihren Füßen. Die Nachricht von der Puppe und ihrer seltsamen Fähigkeit verbreitete sich in ganz Japan.

Einige behaupteten, das Phänomen der „Okiku-Puppe", sei das Ergebnis der Wut eines jungen Mädchens darüber, dass es so schnell von dieser Welt gegangen war; andere glaubten, dass es von der Traurigkeit über den Abschied von ihrem geliebten Bruder und dem Wunsch, bei ihrer Puppe zu bleiben, angetrieben war.

Wir selbst neigen zur letzteren Theorie, denn es steht außer Frage, dass zwischen den beiden Geschwistern eine tiefe Verbindung bestand. Über den Rest von Eikichis Leben ist wenig bekannt. Aber die Okiku-Puppe bleibt im Besitz von Mannenji, wo ihre Haare bis heute langsam, aber sicher wachsen.

Wie du überlebst

Es gibt nichts zu befürchten, außer der Angst selbst. Okiku ist nur ein

Der Höhepunkt der Zeremonie.

Vertreter eines Phänomens, das in ganz Japan vorkommen soll. Die Vorstellung, dass eine missratene Seele eine Puppe bewohnt, sei sie nun traurig oder wütend, ist in Japan der Stoff, aus dem Albträume sind.

Vielleicht ist das der Grund, warum Ningyo Kuyo selbst im durch und durch modernisierten Japan der Gegenwart üblich ist. Während diese Behandlung, vor allem bei der Entsorgung „klassischer" Figuren wie den Ohina-Puppen üblich ist, die traditionell während des Hinamatsuri-Puppenfestes in den Häusern ausgestellt werden, ist es nicht ungewöhnlich, dass auch andere Spielzeuge, die lange Zeit in der Nähe von Menschen verbracht haben, dieser Behandlung unterzogen werden.

In den allermeisten Fällen tun Menschen, die Puppen zu Ningyo-Kuyo-Zeremonien mitbringen, dies als ein einfaches Zeichen des Respekts. Selbst wenn man kein Japaner ist, kann man gut verstehen, dass man etwas, das einst von einem Kind gehütet wurde, nicht in den Müll werfen möchte. Aber es ist sicherlich eine gute Möglichkeit, mit Puppen umzugehen, die von irgendeinem Geist bewohnt werden. (Abgesehen davon: Muss das wirklich sein? Beachte, dass Mannenji die Okiku-Puppe nicht verbrannt hat. Im Gegensatz zu „Chucky" sind keine Fälle bekannt, in denen japanische Puppen – besessen oder nicht – ihre Besitzer tatsächlich verletzen, außer vielleicht wenn sie zufällig von einem hohen Regal fallen.)

Haarige Wissenschaft

In früheren Zeiten verwendeten Puppenmacher für ihre Puppen oft menschliches Haar. Bei einer Befestigungsmethode wurde eine etwa 25 cm lange Haarsträhne umgeschlagen und in der Mitte befestigt, um den Kopf vollständig zu bedecken. Mit der Zeit können sich die Fäden, mit denen die Strähnen befestigt werden, abnutzen, während das Haar selbst stark bleibt, so dass die Haarsträhnen allmählich auf ihre volle Länge ausschlagen. Kritiker sind jedoch der Meinung, dass dies keine Erklärung für das sehr gleichmäßige Wachstum der Haare der Okiku-Puppe ist.

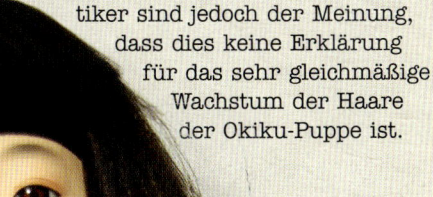

Schwermütige Seelen: 18
FURISODE KAJI
Der Meireki-Großbrand und der Feuer-Kimono

Japanischer Name: 振り袖火事
Name des Subjekts: Umeno
Alias: Osame (in Hearns Geschichte)
Geschlecht: Weiblich
Beruf: Brave Tochter
Geburtsjahr: 1638
Todesdatum: 16. Januar 1655
Todesalter: 17
Todesursache: Gebrochenes Herz
Geistertyp: Besessenheit
Merkmale: Keine physische Erscheinung
Ort der Bestattung: Honmyoji-Tempel
Ort des Fluches: Edo (Tokio)
Attacke: Verursacht Krankheit, Tod und Feuer
Existenz: Unbekannt
Gefahrenstufe: Extrem hoch

Menschen ums Leben kamen – eine Katastrophe, die mit dem großen Kanto-Erdbeben von 1923 oder der Bombardierung Tokios 1945 vergleichbar war. Offiziell wurde die Katastrophe Meireki-Feuer genannt. Die Überlebenden kannten jedoch einen anderen Namen: Furisode Kaji, das „Kimonofeuer".

Die Geschichte

Manchmal beginnt eine Tragödie mit Liebe auf den ersten Blick.

An einem schönen Frühlingsmorgen, zwei Jahre vor der Feuersbrunst, ging eine junge Frau namens Umeno mit ihrer Mutter spazieren, nachdem sie den Gottesdienst im Honmyoji-Tempel besucht hatte. Als sie durch die Straßen von Ueno schlenderten, kamen sie zufällig an einem hübsch gekleideten jungen Knappen eines Samurai vorbei, der gerade eine Besorgung machte.

Im Nu war er in der Menge verschwunden, aber irgendetwas an dem Jungen hatte ein Feuer in Umeno entfacht. Nachts träumte sie von ihm und tagsüber sehnte sie sich nach ihm. Ihre Eltern waren erst nachsichtig, dann schimpften sie, und schließlich begannen sie sich Sorgen zu machen. Als wohlhabende Pfandleiher hatten sie das Geld, um eine Suche nach dem geheimnisvollen Jungen zu starten, aber mit wenig mehr als einer verschwommenen, halb erahnten Erinnerung als Grundlage erwies sie sich als fruchtlos.

Hintergrund

Obwohl Edo zu den größten Städten der Welt gehörte, wurden die Gebäude fast ausschließlich aus Holz und Papier errichtet. ==Brände breiteten sich leicht von Haus zu Haus aus== und nahmen enorme Ausmaße an, die oft ganze Stadtteile verwüsteten.

Vom 17. bis zum 19. Jahrhundert wurde die Stadt von etwa einhundert großen Feuersbrünsten heimgesucht. Die größte davon brach 1657 aus und wütete fast eine Woche lang, wobei mehr als die Hälfte der Stadt ausgelöscht wurde und etwa 100.000

⇐ *Aus diesem Grund war Brandstiftung eine der wenigen Straftaten, die eine sofortige Todesstrafe nach sich zogen.*

Umeno war untröstlich. Sie hörte auf zu essen und zu schlafen. Schon bald war die ehemals gesunde junge Frau nur noch ein Schatten ihres früheren Selbst. In einem verzweifelten Versuch, eine Verbindung zu ihrem vermeintlichen Geliebten herzustellen, bat sie ihre Eltern, ihr einen Kimono zu nähen, der dem, den der Junge getragen hatte, ähnlich sah. Sie willigten ein und gaben ein wunderschönes Seidengewand in Auftrag, das mit Chrysanthemen, Glockenblumen und Wellen verziert war und in jeder Hinsicht mit dem des Knappen identisch war, außer dass es einen langärmeligen Schnitt hatte, wie ihn eine Frau trägt.

Der Kimono trug dazu bei, ihre Laune etwas zu heben, aber der Schaden für ihre Gesundheit war bereits angerichtet. Anfang des nächsten Jahres verstarb Umeno im zarten Alter von 17 Jahren. Ihre verzweifelten Eltern benutzten den Kimono, um ihren Sarg zu bedecken, als dieser zum Friedhof transportiert wurde, und vermachten ihn dann dem Honmyoji-Tempel.

Wie damals üblich, verkaufte der Abt des Tempels das Kleidungsstück an einen Altkleiderhändler. Der auffällige Kimono wurde schnell an eine andere Familie verkauft, deren Tochter ihn nur kurze Zeit trug, bevor sie im Alter von 17 Jahren einer Krankheit erlag. Der Kimono kam wieder zurück nach Honmyoji, wo er erneut an den Kleiderhändler verkauft wurde. Eine andere Familie kaufte ihn für ihre Tochter, die ebenfalls im Alter von nur 17 Jahren verstarb.

Inzwischen wusste der Abt, dass er mehr als nur einen Kimono mit einer traurigen Geschichte vor sich hatte. Er rief die Eltern der Verstorbenen zusammen. Nachdem sie die Situation besprochen hatten, waren sich alle einig, dass es besser wäre, den Kimono zu verbrennen, als dass er weiteren Schaden anrichten würde. Und so bereitete der Abt eine Kuyo-Zeremonie vor, um dem Kleidungsstück einen angemessenen Abschied zu geben.

Der Angriff

Die Mönche des Tempels errichteten einen Scheiterhaufen, um den Kimono gemäß der buddhistischen Tradition zu verbrennen. Doch trotz der Durchführung der entsprechenden Rituale war der Geist in ihm offenbar nicht bereit, ruhig von dannen zu ziehen.

In dem Moment, in dem der Kimono auf den Scheiterhaufen gelegt wurde, fachte ein plötzlicher starker Wind die Flammen in beängstigendem Ausmaß an. Einem Bericht zufolge ragte eine Feuersäule mehr als 10 Meter in die Luft.

Die Mönche, die für einen Brand dieses Ausmaßes schlecht gerüstet waren, sahen hilflos zu, wie die Flammen den Tempel verschlangen und dann von Dach zu Dach sprangen. Das Feuer breitete sich zunächst in der Nachbarschaft und dann im Bezirk aus und wütete unkontrolliert in den Straßen der Stadt, offenbar angetrieben von der schieren Kraft eines jungen Mädchens, das um seine Liebe und sein Leben gebracht wurde. Innerhalb weniger Stunden fachten orkanartige Winde, angetrieben durch die aufsteigende Hitze, die Flammen so stark an, dass selbst die Feuerwehr nicht mehr in der Lage war, sie zu bekämpfen. Als die Feuersbrunst sechs Tage später von selbst erloschen war, lag das Schloss des Shoguns in Trümmern, und die Überreste der Stadt waren in so dichten Rauch gehüllt, dass es Tage dauerte, bis die Leichen der Opfer gefunden und bestattet werden konnten. An einzelne Begräbnisse war

Szenen des Schreckens, die in dem Buch „Musahi Abumi" von Asai Ryoi (1661) beschrieben werden.

nicht zu denken, da ganze Familien in dem Flammen ums Leben kamen.

Daher ordnete der Shogun den Bau einer Gedenkstätte, den „Hügel der Millionen Seelen", im heutigen Ekoin-Tempel im Bezirk Ryogoku in Tokio an. Heute bietet er eine letzte Ruhestätte für die Seelen derjenigen, die ohne Angehörige oder Freunde verstorben sind, die sich um sie kümmern.

Was mit Umenos Familie oder dem geheimnisvollen Samurai-Jungen geschah, dessen hübsches Aussehen metaphorisch und buchstäblich ein Feuer entfachte, ist nicht überliefert. Aber hätte er geahnt, was sein einfaches Erscheinen und Verschwinden auslösen würde, hätte sich der junge Mann zweifellos die Zeit genommen, an jenem schönen Frühlingstag mit dem Mädchen zu plaudern.

Wie du überlebst

Der Kimono ist schon lange verschwunden, aber wenn du jemals auf ein ähnlich besessenes Kleidungsstück triffst, bist du in ernsthaften Schwierigkeiten. Wenn du ihn verbrennen willst, dann nur unter extrem kontrollierten Bedingungen.

Yokai Connection

Der Yokai namens Kosode no te (siehe „Yokai-Survival-Guide") ist ein Kimono mit Phantomarmen, der es genießt, denjenigen zu erschrecken, der ihn unwissentlich anzieht. Dieses eher spielerische Verhalten steht in scharfem Kontrast zu den Verwüstungen, die das besessene Kleidungsstück angerichtet hat, das das Kimonofeuer verursachte. Es ist auch ein gutes Beispiel für den allgemeinen Unterschied im Modus Operandi zwischen Yokai (die sich damit begnügen, Menschen zu erschrecken) und Yurei (die sie lieber quälen und töten).

Feurige Verschwörung?

Der Brand führte zu weitreichenden Veränderungen in Edo. In den zwei Jahren, die für den Wiederaufbau der Stadt benötigt wurden, wanderten zahlreiche Einwohner in die Vororte aus, wodurch die überfüllte und überlastete Innenstadt entlastet wurde. In dem Bemühen, Brandschneisen zu schaffen, die die Ausbreitung künftiger Feuersbrünste verhindern sollten, baute das Shogunat viele der schmalen Straßen der Stadt zu Boulevards aus, die als „Hirokoji" bezeichnet wurden – eine Neuerung, die sich heute in den Namen von Bahnhöfen wie Ueno-Hirokoji widerspiegelt. Tatsächlich waren die Veränderungen so umfassend und vorteilhaft, dass Gerüchte aufkamen, die Regierung habe die Brände absichtlich gelegt, um den Wandel zu beschleunigen.

Schwermütige Seelen: 19

DER FUTON AUS TOTTORI

Japanischer Name: 鳥取の布団
Geistername: Unbekannt, zwei junge Brüder
Geschlecht: Männlich
Geburtsjahr: Unbekannt
Todesalter: 6 und 8
Todesursache: Unterkühlung
Geistertyp: Besessenheit
Merkmale: Nur Stimmen und Geräusche
Ort der Bestattung: Kannon-Tempel
Ort des Fluches: Präfektur Tottori
Attacke: Jämmerliches Weinen
Existenz: Unbekannt
Gefahrenstufe: Niedrig

Hintergrund

Dieser Klassiker ist eine der ersten „Kaidan" (Geistergeschichte), die durch die Übersetzungen der großen Japanliebhaber des frühen 20. Jahrhunderts, Lafcadio Hearn und Frederick Hadland Davis, in die westliche Welt gelangten.

Das abgelegene Tottori im Westen Honshus ist die Quelle zahlreicher Folkloregeschichten. Auch heute noch haftet ihr als der am dünnsten besiedelten Präfektur des Landes ein exotisches, weltfremdes Image an. Sie ist auch der Geburtsort eines berühmten Vertreters der Yokai-Lehre: Mizuki Shigeru, der Manga-Zeichner, der die erfolgreiche Serie „Ge Ge Ge no Kitaro" schuf. (Die Verbindung ist sogar so eng, dass der Flughafen Yonago in Tottori 2010 offiziell in „Yonago Kitaro Airport" umbenannt wurde).

Die Geschichte „Futon aus Tottori" ist die berühmteste Schreckensgeschichte der Region. Ironischerweise kennen die meisten Japaner sie durch die Übersetzung von Hearns englischer Nacherzählung, mit der die Geschichte zum ersten Mal schriftlich festgehalten wurde.

Der Angriff

Damals zur Winterzeit, öffnete ein kleines Gasthaus in Tottori seine Türen und empfing seine ersten Gäste. Es handelte sich um ein neues Gasthaus mit einem nicht allzu wohlhabenden Besitzer, und die Einrichtung bestand ausschließlich aus Gegenständen, die beim örtlichen Pfandleiher gekauft worden waren. Alles, von den Kissen bis hin zu den Utensilien, mit denen die Gäste ihre Mahlzeiten zu sich nahmen, gehörte einst jemand anderem. Für diejenigen, die in einer wohlhabenderen (und vor allem hygienischeren) Zeit aufgewachsen sind, mag dies schockierend klingen, doch war es damals alles andere als ungewöhnlich.

Der erste Gast, ein reisender Kaufmann, kam mit viel Tamtam, Verwöhnung und natürlich viel warmem Sake an. Nachdem der Gast sich satt gegessen hatte, verabschiedete ihn der Besitzer auf sein Zimmer und wünschte ihm eine gute Nacht.

Kaum hatte der müde Kaufmann seinen Kopf zur Ruhe gelegt, ertönten Kinderstimmen in seinen Ohren. Schwach, aber deutlich, wurde immer wieder wiederholt: „Ist dir kalt?" „Nein, aber dir ist doch kalt, oder?", kam die Antwort. Wieder und wieder. Der Händler nahm an, dass der Gastwirt Kinder hatte, und ertrug den Krach eine Weile, bis er schließlich rief, dass die Kinder ruhig sein soll-

ten. Doch gerade, als er in den lang ersehnten Schlaf fallen wollte …

„Ist dir kalt, Bruderherz?" „Nein, aber dir ist doch kalt, oder?" Wieder und wieder.

Das Seltsame war, dass die klagenden Stimmen immer lauter wurden, je mehr er sich unter die Kissen und Decken kroch. Sie schienen sogar aus dem Futon selbst zu kommen! Der Mann, dem die Haare zu Berge standen, packte eilig seine Sachen zusammen und machte sich auf den Weg zu den Gemächern des Gastwirts, wo er ihn bat, sofort auschecken zu können. Der Gastwirt, der sich darüber ärgerte, zu so später Stunde geweckt worden zu sein, ganz zu schweigen davon, dass ihm sein erster Kunde davongelaufen war, versuchte, den Händler davon zu überzeugen, dass die Stimmen nichts weiter als von Sake angeheizte Träume waren. Doch der Händler bezahlte seine Rechnung in voller Höhe und verschwand in der kühlen Nacht. Der Gastwirt kratzte sich am Kopf, ging zurück ins Bett und vergaß den Vorfall sofort wieder.

Bis zur nächsten Nacht, als der zweite Gast des Gasthauses aus seinem Zimmer stürmte, an die Tür des Gastwirts klopfte und ankündigte, er wolle auschecken. Mitten in der Nacht. In einem Schneesturm. Und dieser Typ hatte nicht einmal den Sake angerührt.

Jetzt wusste der Gastwirt, dass er sich darum kümmern musste. Er wickelte sich in dieser Nacht in das scheinbar harmlose Bettzeug ein und wartete. Dann kam es. Zuerst ganz leise, fast zu leise, um es wahrzunehmen, dann lauter, bis es unüberhörbar war: „Ist dir kalt, Bruderherz?" „Nein, aber dir ist doch kalt, oder?"

Am nächsten Morgen eilte der Gastwirt zu dem Pfandleiher, bei dem er das Bettzeug gekauft hatte. Der Pfandleiher sagte, er habe es von einem anderen gekauft. Der Gastwirt folgte der Spur zu einem winzigen Pfandhaus in einem heruntergekommenen Teil der Stadt, wo er schließlich die traurige Geschichte hinter dem verwunschenen Futon erfuhr.

Ein junges Ehepaar war im Winter auf der Suche nach Arbeit mit seinen beiden kleinen Jungen, sechs und acht Jahre alt, in die Stadt gekommen. Der Vater starb plötzlich, und kurz darauf starb auch die Mutter, so dass die beiden Waisen in einer fremden Stadt auf sich allein gestellt waren. Da sie sich daran erinnerten, wie ihre Eltern über die Runden gekommen waren, begannen die beiden, ihre spärlichen Besitztümer für Nahrung zu verpfänden, aber bald hatten sie nichts mehr außer ihrem Futon. Ihr Vermieter warf sie hinaus, als sie ihre Miete nicht zahlen konnten. Da sie nirgendwo hinkonnten und ein Schneesturm tobte, kauerten die beiden vor ihrer ehemaligen Wohnung zusammen, und der fallende Schnee bildete eine Decke für ihre letzte Ruhe.

Wie du überlebst

Finde dich damit ab oder wechsle das Zimmer. Geister dieser Art sind nicht besonders häufig, und wenn sie doch auftauchen, solltest du dich lieber damit abfinden. Schließlich hatten die Geister selbst eine ziemlich harte Zeit, um dorthin zu gelangen, wo sie jetzt sind. Komm schon, lass sie eine Weile kuscheln. Das ist das Mindeste, was du tun kannst.

Im Fall des Futons aus Tottori übergab der Gastwirt das Bettzeug den Mönchen des Tempels, in dem die beiden Jungen begraben worden waren. Sie beteten für die Seelen der Kinder, woraufhin die Schreie aufhörten und nie wieder zu hören waren.

KAPITEL 4: Verfluchte Orte

TABARUZAKA	92
HAKKODA-SAN	96
AOKIGAHARA	100
BURG HACHIOJI	104
YONAKI ISHI	108
JOMON-TUNNEL	112
OIRAN BUCHI	116
SUNSHINE-60-HOCHHAUS	120
OSORE-ZAN	124
DER FÜHRENDE JIZO	128
DIE MATSUE-OHASHI-BRÜCKE	132

Wen wundert es, dass es in einem Land mit so zahlreichen Geistern wie Japan, so viele verfluchte Orte gibt? Wir haben für euch einen Überblick über die berühmtesten Spukorte zusammengestellt.

Verfluchte Orte: 20

TABARUZAKA

Japanischer Name: 田原坂
Alias: Tabaru Berg, Tabaru Hügel, „Schlachtfeld des letzten Samurai"
Ort: Kyushu, Japan
Nächster Bahnhof: JR Tabaruzaka (Kagoshima Main Line)
Länge des Weges: 1,5 km
Höhe: 60 m
Schlüsselfigur: Saigo Takamori (1828–1877)
Ereignis welches den Spuk auslöste: Die Schlacht um Tabaruzaka, 4. März 1877
Schauplatz des Spuk: Yurei-Zaka („Verfluchter Hügel")
Merkmale/Phänomene: Erscheinungen toter Soldaten, seltsame Geräusche und Gerüche
Gefahrenstufe: Unterschiedlich

Hintergrund

In einem so gebirgigen Land wie Japan ist es vielleicht nicht verwunderlich, dass es auf vielen Hügeln und Hängen aus dem einen oder anderen Grund spuken soll. Aber Vater der Spukberge ist Tabaruzaka, etwas außerhalb der Stadt Kumamoto auf der Insel Kyushu. Er hat für seinen Ruf auf altmodische Weise bezahlt: Mit viel Blut und Eingeweiden. Tabaruzaka ist der Hügel, auf dem Saigo Takamori, der echte „letzte Samurai", während eines versuchten Staatsstreichs, dem so genannten Satsuma-Aufstand, einen epischen Widerstand gegen das japanische Militär leistete.

Die Geschichte

Saigo lebte in turbulenten Zeiten. Jahrhundertelang verdienten die Samurai ihren Lebensunterhalt durch Lehen, die Han genannt wurden. Ein Han wurde von einem Feudalherrn, einem Daimyo, regiert, dessen gesamtes Vermögen auf den Reissteuern beruhte, die von den vielen Bauern, die das Land des Han bewirtschafteten, entrichtet wurden. Die Meiji-Restauration von 1868 setzte all dem ein Ende.

In einem erfolgreichen Versuch, das Land zu modernisieren, richtete der Kaiser eine zentralisierte Regierung ein, die den Daimyo das gesamte Han abnahm. Das war leichter gesagt als getan und erforderte oft eine Menge Verhandlungen. Manchmal war auch die Androhung von Gewalt erforderlich.

Wie nicht anders zu erwarten, war diese legendär gut bewaffnete Gruppe von Kriegern nicht erfreut darüber, dass man ihnen ihre angestammten Besitztümer genommen hatte. Die Spannungen nahmen zu, und weniger als ein Jahrzehnt später entluden sie sich in der Satsuma-Rebellion von 1877, angeführt von einem ehemaligen Regierungsbeamten, der zum Revolutionär wurde, Saigo Takamori.

Ironischerweise hatte Saigo eine Schlüsselrolle dabei gespielt, wichtige Daimyo davon zu überzeugen (und gelegentlich zu zwingen), ihre Herrschaftsgebiete abzutreten. Doch er zerstritt sich mit seinen Bürokratenkollegen. Er trat von seinem Posten zurück und zog zurück in seine Heimatstadt Kagoshima, wo er eine Reihe von Ausbildungsakademien gründete. Seine einzige Absicht war es, unzufriedenen jungen Samurai, die ihrer Daseinsberechtigung beraubt worden waren, eine Anlaufstelle zu bieten. Aber in traditioneller Weise konzent-

rierten sich seine Schulen sowohl auf die Kampf- als auch auf die Gelehrtenkünste, und schon bald hatte er eine hochqualifizierte Privatarmee zusammengestellt.

Die Verabschiedung eines umstrittenen Gesetzes im Jahr 1876, das sowohl das Tragen von Schwertern als auch das Tragen von Haarknoten verbot, verärgerte den ehemaligen Samurai zusätzlich. Als Gerüchte über einen Plan der Regierung auftauchten, Saigo zu ermorden, konnte er seine Truppen nicht mehr unter Kontrolle halten und führte sie auf einen langen Marsch in die Hauptstadt. Der Satsuma-Aufstand begann.

Die Schlacht von Tabaruzaka war einer der vier großen Kämpfe während des Aufstandes. Die schmale Straße, die den Hügel hinaufführte, war eine wichtige Versorgungsroute für die Burg Kumamoto, die Saigos Männer umzingelt hatten und in der ein Truppenkontingent der kaiserlichen Armee festsaß. Saigo platzierte eine große Anzahl seiner Männer auf Tabaruzaka, um die Verstärkung zu blockieren, von der er wusste, dass diese versuchen würde, die Burg zurückzuerobern.

Am 4. März 1877 trafen kaiserliche Truppen ein, die mit modernen Gewehren und Kanonen bewaffnet waren. Viele von Saigos Truppen trugen nur Schwerter oder Speere, hatten aber den Vorteil, dass sie das hügelige Gelände zuerst besetzt hatten.

Die Bedingungen waren für beide Seiten schwierig. Die Temperaturen bewegten sich in der Nähe des Gefrierpunkts, und ein unaufhörlicher kalter Regen verwandelte das steile Gelände in einen Sumpf aus Schlamm und Felsen. 17 Tage und Nächte lang lieferten

Yoshitoshis Farbholzschnitt, der die Kämpfe um die Burg Kumamoto (im Hintergrund) festhält

sich die kaiserliche Armee und die Satsuma-Rebellen ein Feuergefecht und einen Kampf Mann gegen Mann. Am Ende waren die Hänge rot vom Blut der Gefallenen beider Seiten.

Etwa 2000 Männer waren tot und ebenso viele verwundet, und keine Seite konnte den Sieg für sich verbuchen. Noch heute erinnert der Name Tabaruzaka an einen langwierigen Zermürbungskrieg.

Obwohl keine der beiden Seiten wirklich „verloren" hatte, bedeutete die Pattsituation den Anfang vom Ende von Saigos Revolution. Saigo entschied sich für den Rückzug und führte noch mehrere größere Gefechte an, wurde aber am 24. September 1877 in der Schlacht von Shiroyama vor den Toren Kagoshimas durch feindliches Geschützfeuer getötet. Und der Satsuma-Aufstand starb mit ihm.

Obwohl die Samurai ihren früheren Platz in der Gesellschaft nie wieder einnehmen konnten, wurde Saigo durch seinen Kampfgeist und seine Weigerung, seine Ideale aufzugeben, zum Volkshelden. Die öffentliche Meinung zwang die Regierung 1889 zu einer posthumen Begnadigung.

Der Angriff

Die Hügel von Tabaruzaka sind nach wie vor ein beliebter Ort für die örtliche Jugend, um ihren Mut bei mitternächtlichen Besuchen auf den ehemaligen Schlachtfeldern zu testen. Die „aktivsten" Orte sollen die Gegend um eine lebensgroße Bronzestatue eines berittenen Soldaten sein, um die sich die Geister der Fußsoldaten versammeln, und der Nanamoto-Militärfriedhof, auf dem die Überreste von 300 Soldaten beider Seiten ruhen. Es wird von merkwürdigen Gerüchen und unheilvollen Gespenstern in der Gegend berichtet, insbesondere in der Nähe der Gräber.

Wie du überlebst
Die Geister von Tabaruzaka wurden noch nie mit einem Todesfall in Verbindung gebracht. Wenn du aber nicht zu den Menschen gehörst, die eine unmittelbare Begegnung wünschen, geh lieber an einem sonnigen Tag dorthin. Den örtlichen Überlieferungen zufolge tauchen die Geister auf Tabaruzaka viel eher auf, wenn es regnet. Und was auch immer du tust, halte dich nachts von der Telefonzelle vor dem Besucherzentrum fern. Wir haben dich gewarnt.

Die Anreise
Tabaruzaka liegt etwas außerhalb der Stadt Kumamoto in Kyushu. Der Park ist zwanzig Minuten mit dem Auto vom JR-Bahnhof Tabaruzaka entfernt. Der Park selbst ist 24 Stunden geöffnet; das Besucherzentrum ist täglich von 9 bis 17 Uhr geöffnet (montags geschlossen).

AUF DIE SCHIEFE BAHN GERATEN

Es ist jedoch wichtig zu unterscheiden, ob es wirklich dort spukt, ob dort nur seltsame Phänomene passieren oder ob es im Wesentlichen nur Ortsnamen sind. Ein gutes Beispiel für Letzteres ist der Yurei Zaka in Tokios Bezirk Mita. Er befindet sich inmitten zahlreicher buddhistischer Tempel und Friedhöfe und ist deutlich als Geisterpfad gekennzeichnet, so dass man sich als Fußgänger Sorgen um zufällige Begegnungen mit Untoten machen könnte. In Wirklichkeit ist der Name jedoch nur ein Wortspiel; er wurde früher mit Zeichen geschrieben, die ein Homonym für Geist sind: 有礼坂. In Tokio gibt es neun Yurei Zaka, von denen die meisten so genannt werden, weil es sich um dunkle Orte handelt, die nachts nicht besonders angenehm zu begehen sind.

Die zweite Art von vermeintlich verfluchten Hügeln ist die Art von Orten, die im Englischen „magnetic hill" oder „gravity hill" genannt werden. Dies sind Orte, an denen die Topografie und ein verdeckter Horizont die Illusion erwecken, dass ein leichtes Gefälle in Wirklichkeit eine Steigung ist. Ein Ball oder ein Auto, das im Leerlauf ist, scheint also eher nach oben als nach unten zu rollen. Zu dieser Art von Hügeln gehören der Yurei Zaka in Fukuoka, der Obake Zaka in Gunma und der Mystery Zaka in der Präfektur Iwate.

Und damit kommen wir zu unserer dritten und letzten Kategorie: Geisterhügeln, die das sind, was ihr Name besagt. Tabaruzaka ist der berühmteste dieser Art, aber es gibt auch viele andere. Unser persönlicher Favorit ist der Kiinokuni Zaka (Kii-Hang) im Stadtzentrum von Tokio, auf dem einst gesichtslose Yokai, die Nopperabo, gehaust haben sollen. (Siehe Yokai-Survival-Guide)

Verfluchte Orte: 21
HAKKODA-SAN

Japanischer Name: 八甲田山
Alias: Berg Hakkoda, Hakkoda-Gebirge
Ort: Aomori, Japan
Terrain: ruhender Vulkan
Nächster Bahnhof: Aomori
Höchster Punkt: Berg Odake 1.585 m
Erwähnt in: Die 100 berühmtesten Berge Japans
Schlüsselfiguren: 5. Infanteriegruppe der kaiserlichen Armee Japans
Ereignis welches den Spuk auslöste: „Die Hakkoda-Übung", 23. Januar 1902
Schauplatz des Spuks: Yurei-Spot (verfluchtes Gebiet)
Merkmale/Phänomene: Seh- und hörbare Erscheinungen
Gefahrenstufe: Unterschiedlich

Hintergrund

Du steckst in einem Schneesturm fest. Du trägst nichts als dünne Baumwollkleidung. Ohne Essen. Keine Möglichkeit, ein Feuer zu machen. Niemand, den du um Hilfe bitten kannst. Null Sicht. Keine Ahnung, wie man nach Hause kommt. Alles, was du tun kannst, ist im Kreis zu laufen, während die unerbittliche Kälte langsam deine Gliedmaßen und deinen Verstand auffrisst.

Klingt wie ein Albtraum – ist aber Realität. Dies war das harte Schicksal, das die 5. Infanteriegruppe der kaiserlichen Armee an einem Wintertag im Jahr 1902 erwartete. 210 gesunde junge Männer bestiegen den Berg Hakkoda auf einer routinemäßigen Ausbildungsmission. Innerhalb weniger Tage würden 199 von ihnen tot sein. Aus diesem Grund gilt der Hakkoda weithin als der geisterhafteste Ort in Japan.

Obwohl es sich eigentlich um eine Bergkette und nicht um einen einzelnen Gipfel handelt, wird das Gebiet gemeinhin als „Berg Hakkoda" bezeichnet.

Die Geschichte

Das Hakkoda-Gebirge ist seit langem für sein tückisches Wetter bekannt. Wege verschwinden in plötzlichen, tagelangen Schneestürmen, während die Temperaturen regelmäßig auf die niedrigsten Werte des Landes sinken.

Nach der Meiji-Restauration 1868 (siehe S. 92) modernisierte sich Japan in rasantem Tempo. Innerhalb von nur zwei Jahrzehnten hatte es sich von einem isolierten feudalen Hinterland in eine aggressive Regionalmacht verwandelt, die ein Imperium in Ostasien errichten wollte. Ihr Hauptkonkurrent bei diesem Vorhaben war Russland, dem es sogar gelungen war, nördlich der koreanischen Halbinsel einen Flottenstützpunkt zu errichten.

Einige Jahre später brach tatsächlich einer aus: der Russisch-Japanische Krieg (1904-05) ⇨

Im Falle eines Krieges zwischen den beiden Mächten gingen die japanischen Militärs davon aus, dass die Russen von Norden her angreifen und Eisenbahnlinien und Straßen beschießen würden, um von der Hafenstadt Aomori aus eine Invasion zu starten. Sollten die Russen Erfolg haben, wäre die einzige Möglichkeit, Truppen in die heiße Zone zu bringen, der Weg über die Bergpässe von Hakkoda. In den wärmeren

Monaten wäre dies nur ein mühsames Unterfangen. Was aber, wenn der Angriff mitten im Winter stattfände?

Die Offiziere der 8. Division der kaiserlichen japanischen Armee beschlossen, die Frage durch einen „Testlauf" zu klären.

Ziel der Mission war es, Daten über den Umgang mit extremen Bedingungen zu sammeln. Niemand hatte Erfahrung mit extremer Kälte. Die Soldaten wurden mit Standardausrüstung und -rationen ausgestattet und erhielten keine Ausbildung in Bergsteigen oder Überlebenstechniken. Noch schlimmer war die verworrene Kommandostruktur. Obwohl der Hauptmann der Gruppe die gesamte Mission geplant hatte, beschloss sein vorgesetzter Offizier, der Major, ebenfalls mitzukommen. Der Hauptmann hatte zwar eine gewisse Vorstellung davon, wie beschwerlich diese Wanderung sein würde, aber der Major war fest davon überzeugt, dass der imperiale Kampfgeist die Auswirkungen von Schnee und Eis übertrumpfen würde.

Die Expeditionstruppe brach am 23. Januar 1902 auf. Als sie sich auf den Weg in die Berge machten, zeigte das Wetter offensichtliche Anzeichen eines Sturms, und die örtlichen Dorfbewohner versuchten, ihnen den Aufstieg auszureden. Doch die Arroganz des Majors setzte sich durch, und die Truppe zog weiter, ohne sich die Mühe zu machen, einen Führer zu engagieren. Am nächsten Tag brach ein Schneesturm los, wie man ihn in Japan weder damals noch heute je erlebt hatte. Der Weg verschwand im Schneesturm, und die Temperatur sank auf den ==tiefsten Stand==, der je in Japan gemessen wurde. Das Wetter hielt die Soldaten auf dem Berg gefangen. Durch hüfthohen Schnee kämpften sie sich in Baumwolluniformen, die vom Schweiß der Anstrengung aufgeweicht und dann zu Eis wurden. Ihre Verpflegung war so gefroren, dass ein Schuss genügte, um sie zu zerbrechen. Sie schafften es nicht einmal, ein Feuer zu machen. Der Hauptmann befahl den Truppen, Gräben auszuheben, um den Sturm abzuwarten, aber um zwei Uhr morgens hatte der Major genug und befahl einen gefährlichen nächtlichen Abstieg. Der Hauptmann ging mehrere Stunden lang voran, wurde aber auf halbem Weg vom Major abgelöst, der die Kompanie in die völlig falsche Richtung führte. Am Morgen waren mehr als 40 Männer vermisst und im windgepeitschten Schneesturms vermutlich tot.

Erfrierungen und Erschöpfung stellten sich ein. Die Männer der Kompanie begannen den Verstand zu verlieren. Baumstämme wurden

==GEFÄHRLICHE NOTDURFT==

Die verheerende Kälte machte selbst die alltäglichsten Bedürfnisse unmöglich. Der einfache Akt des Urinierens erwies sich für die Männer als tödlich; viele waren aufgrund von Erfrierungen nicht in der Lage, ihre Hosen wieder zuzuknöpfen, nachdem sie sich erleichtert hatten, was den Wärmeverlust und damit ihren Tod beschleunigte. Diejenigen, die dies sahen und sich stattdessen einnässten, endeten mit gefrorenen Hosen und einem ebenso schnellen Tod.

⇐ *Wirklich. Im nahe gelegenen Ashahikawa wurden während des Sturms -41 Grad registriert, ein Rekord, der seit mehr als 100 Jahren besteht.*

fälschlicherweise für Rettungsteams gehalten. Einige zogen ihre Kleidung aus und versuchten, durch die brusttiefen Verwehungen zu „schwimmen". Am dritten Tag löste sich das Kommando völlig auf.

Als ein Rettungsteam am 27. Januar in das Gebiet vordrang, waren 199 der ursprünglich 210 Soldaten verschwunden, darunter auch der Hauptmann. Nur elf entsetzlich erfrorene Soldaten überlebten schließlich, viele von ihnen mit mehrfachen Amputationen. Es sollte bis Mai dauern, bis die Leichen ihrer Kameraden geborgen wurden.

Der Angriff

Heute steht auf dem Berg Hakkoda eine Statue von Fusanosuke Goto, dem ersten Überlebenden, der gefunden wurde, als Gedenkstätte für die, die bei dem Vorfall ihr Leben verloren. Die Statue stellt dar, wie er gefunden wurde, nämlich aufrechtstehend mitten im Schritt.

Das gesamte Gebiet in der Nähe der Statue gilt als hochaktiver Yurei-Spot, und es gibt zahlreiche Berichte über akustische und visuelle Erscheinungen; sogar im japanischen Fernsehen wurden Aufnahmen von angeblichen Gespenstern gesendet. Häufig wird von seltsamen Lichtern, dem Geräusch von rufenden Männern und sogar dem Erscheinen von Reihen von Soldaten in historischer Kleidung berichtet.

Wie du überlebst

Du willst keinen Geistern begegnen? Geh nicht zur Gedenkstätte auf dem Berg Hakkoda, schon gar nicht mitten in der Nacht und erst recht nicht mitten im Winter. Die Bedingungen auf dem Berg Hakkoda können bei einem Schneesturm weitaus gefährlicher sein als jedes Gespenst (abgesehen davon gibt es dort oben jetzt ein Skigebiet).

Anreise

Das Schneemarsch-Museum liegt etwa 45 Autominuten vom JR-Bahnhof Aomori entfernt. Es ist täglich von 9 Uhr bis 18 Uhr geöffnet (dienstags geschlossen). Es beherbergt eine Vielzahl von Gegenständen, die von den Opfern und Überlebenden getragen wurden. Vom Museum aus führt ein Weg in die Berge selbst, wo die Statue von Fusanosuke Goto steht.

Diese politische Karikatur aus dem späten 19. Jahrhundert, die den russischen Zaren Nikolaus II. zeigt, der von Yokai-ähnlichen Erscheinungen in militärischer Ausrüstung heimgesucht wird, ist ein Zeichen der angespannten Zeit.

Verfluchte Orte: 22
AOKIGAHARA

Japanischer Name: 樹海
Alias: Jukai, Meer der Bäume, Selbstmordwald
Art des Waldes: Urwald
Ort: Shizuoka und Yamanashi Präfektur (Fuß des Fuji)
Nächster Bahnhof: JR Kawaguchiko
Höhe: 920–1300 m über NN
Bewaldung: Gemisch aus Nadel- und Laubbäumen (hauptsächlich Hemlocktanne und Zypresse)
Gebiet: Ca. 30 km²
Ereignis, das den Spuk auslöste: Viele, viele Suizide (oder sind sie nur Symptome?)
Schauplatz des Spuks: Suizid-Spot
Merkmale/Phänomene: Wenn du einmal hineingehst, kehrst du nie wieder zurück
Gefahrenstufe: Abhängig von deinem mentalen Zustand

Hintergrund

Am Fuße des ikonischen Berges Fuji liegt das Jukai (Meer der Bäume), Japans berühmtester Ort für Selbstmorde. Der Name stammt von der scheinbar endlosen Weite, die man vom Gipfel des Berges aus sehen kann. Die Wildnis ist so dicht und ungezähmt, dass die japanischen (Selbst-)Verteidigungskräfte hier Überlebensübungen durchführen.

Einige sagen, dass diejenigen, die hier ihr Leben beenden wollen, von einer Kombination aus dem berüchtigten Ruf des Ortes und seiner abgelegenen Lage angezogen werden. Andere sind der Meinung, dass mit dem Wald selbst etwas nicht stimmt und dass er neben denjenigen, die hier ihr Leben beenden wollen, auch unschuldige Opfer gefangen hält.

Die Geschichte

Der Berg Fuji wird von den Japanern seit langem verehrt, sowohl wegen seiner Ehrfurcht einflößenden vulkanischen Spitze als auch wegen seiner Symmetrie. Seine Existenz ist so einzigartig, dass er als „reizan" gilt, ein schwer zu übersetzender Begriff, der gewöhnlich mit „heiliger Berg" wiedergegeben wird. Man beachte, dass „rei" dieselbe Silbe ist, die auch im Wort Yurei verwendet wird. Die allgemeine Idee ist, dass dies kein Gipfel ist, den man auf die leichte Schulter nehmen sollte. Er hat eine Seele. Hier sind mächtige Energien am Werk. Es ist die Art von Ort, die von Zeit zu Zeit wütend wird und sich nicht scheut, das auch zu zeigen.

Das Meer der Bäume bedeckt eine riesige Fläche in den Ausläufern dieses heiligen Gipfels. Wie der Name schon sagt, handelte es sich einst um ein riesiges Gewässer. Obwohl der Fuji heute ruht, füllte ein Vulkanausbruch im 9. Jahrhundert den ehemaligen See mit einer dicken, mineralhaltigen Ablagerung von Schutt und Asche, die wiederum zu dem dichten Wald führte, der das Gebiet heute bedeckt.

Heute ist er offiziell als Aokigahara bekannt, was so viel wie „Grüne Felder" bedeutet. Klingt nach einem tollen Ort für ein Picknick, oder? Doch diese Felder sind eher schwarz als grün, denn das dichte Laub verdrängt den

Potenzielle Selbstmörder markieren ihren Weg durch das Laub oft mit farbigen Klebebändern, die einen Weg zurück aus dem Wald weisen, falls sie ihre Meinung ändern sollten.

Großteil der Sonne. Und in diesem Gebiet sind seltsame Kräfte am Werk – einige, die sich wissenschaftlich erklären lassen, andere wiederum nicht.

Der Angriff

Das Meer der Bäume fordert seine Opfer auf zweierlei Weise.

Die erste ist, dass man sich im dunklen Wald einfach verirrt. Die geringe Helligkeit macht es leicht, die Tageszeit falsch einzuschätzen. Der dichte Baumbestand und das Unterholz absorbieren Geräusche, so dass man leicht von anderen getrennt wird. Und obwohl Wissenschaftler diese Behauptung widerlegen, schwören viele darauf, dass ihre Kompasse hier nur sporadisch funktionieren – angeblich wegen des magnetischen Erzes in den Magmavorkommen, die die Basisschicht des Waldes bilden. Tatsache ist, dass man sich hier leicht verirren kann – und manchmal gar nicht mehr herauskommt, selbst wenn man das ursprünglich beabsichtigt hat.

Aber Aokigahara hat seine Berühmtheit nicht durch Navigationsprobleme erlangt. Der Wald ist berüchtigt für Selbstmorde. Menschen kommen aus ganz Japan, um hier ihr Leben zu beenden. Die Polizei sucht hier jedes Jahr nach Leichen von Vermissten, aber das Gelände ist weitläufig und zerklüftet. Einige der Opfer werden in einem fortgeschrittenen Stadium der Verwesung gefunden oder von den Tieren des Waldes in Stücke gerissen. Viele werden überhaupt nicht gefunden, ihre Skelette vermodern still und leise zwischen den Bäumen. Manche haben das Gefühl, dass hier mehr am Werk ist als bloße Sensationslust der Medien, nämlich dass die Toten die Lebenden dazu aufrufen, sich ihnen anzuschließen.

Was auch immer sie ruft, es steht außer Frage, dass die Toten hier sind. In den 80er- und 90er-Jahren stiegen die jährlichen Selbstmordraten; allein im Jahr 2003 wurden 100 Leichen aus dem Wald geborgen. Daher sind die Wanderwege mit großen Schildern gekennzeichnet, die die Verzweifelten zur Besinnung auffordern: „Ihre Eltern haben Ihnen das Leben geschenkt, denken Sie noch einmal an sie, Ihre Freunde und Ihre Kinder und rufen Sie uns unter der unten angegebenen Nummer an." Eine Schachtel mit Broschüren für eine Krisenhotline ist noch unverblümter: „Bevor Sie ins Jenseits gehen, lesen Sie dies."

Wie du überlebst

1) Vergiss die Geister. Konzentriere dich auf die Lebenden. Wenn du in einer Gegend, die für Selbstmorde bekannt ist, jemandem begegnest, der nicht in Ordnung zu sein scheint, sprich ihn an. Hilf ihm. Manchmal kann schon der kleinste menschliche Kontakt ausreichen, um eine verzweifelte Seele vom Abgrund wegzubringen.

2) Folge den Markierungen. Diejenigen, die noch mit ihren inneren Dämonen zu kämpfen haben, markieren ihren Weg durch das Laub oft mit Klebeband oder einem Seil, um ihnen eine „Rettungsleine" für die Rückkehr zu hinterlassen, sollten sie ihre Meinung ändern. Im besten Fall können diese Spuren zu jemandem führen, der ernsthaft Hilfe braucht. Aber du musst dich auch für den schlimmsten Fall wappnen, nämlich für den Fall, dass du zu spät kommst.

3) Tröste dich mit der Tatsache, dass dort zwar viele ihr Leben beenden, aber auch die Zahl der Menschen, die durch lokale Hilfsmaßnahmen gerettet werden, steigt. Im Jahr 2010 konnten 193 Menschen davon überzeugt werden, Hilfe zu suchen, anstatt ihr Leben im Meer der Bäume zu beenden.

Wieso Jukai?

Aokigahara ist nur der jüngste in einer Reihe berühmter Selbstmordorte. In der Vorkriegszeit war der bekannteste Selbstmordort Japans ein anderer aktiver Vulkan: Der Berg Mihara auf der Insel Izu-Oshima.

Nachdem der sensationelle Bericht über den Selbstmord eines jungen Mädchens auf dem Gipfel des Vulkans 1933 die Schlagzeilen der Zeitungen beherrschte, begannen junge Männer und Frauen zu der Insel zu pilgern, um ihr Leben im Vulkankessel zu beenden. Getrieben von erdrückender Armut, Krankheit und anderen persönlichen Problemen, stürzten sich in jenem Jahr fast tausend von ihnen in den brodelnden Vulkan. Insgesamt entschieden sich in den 10 Jahren vor Ende des Zweiten Weltkriegs etwa 3000 junge Japaner dafür, ihr Leben auf dem Berg Mihara zu beenden. Es entstand sogar eine groteske Tourismusindustrie, in der die örtlichen Fährlinien die Tragödien hochspielten, um verzweifelte Seelen und Gaffer gleichermaßen anzuziehen.

Die Verlagerung der Aufmerksamkeit auf Aokigahara scheint zumindest teilweise auf den berühmten japanischen Schriftsteller Seicho Matsumoto zurückzuführen zu sein, der den Wald in seinem Bestseller „Der Wellenturm" von 1959 als Schauplatz verwendete. Der romantische Thriller gipfelte darin, dass eine untreue Frau ihr Leben im Meer der Bäume beendete. Matsumoto hatte sich zweifellos von früheren Berichten über sporadische Selbstmorde in der Gegend inspirieren lassen, aber die Popularität seines Buches und die anschließende Verfilmung festigten die Verbindung im Bewusstsein der Öffentlichkeit. Auch heute, ein halbes Jahrhundert später, ist Aokigahara in Japan praktisch ein Synonym für Selbstmord.

Anreise

Trotz seines makabren Rufs ist das Meer der Bäume ein blühender Fleck in Japans schwindender Natur. Es ist von deutlich markierten Wanderwegen durchzogen und ein Genuss für alle, die sich gerne in der Natur aufhalten. Vergiss nur nicht, sicherheitshalber einen Kompass oder zwei mitzunehmen. Vom JR-Bahnhof Kawaguchiko fährt der Saiko-Retro-Bus in 35 Minuten zum Ausgangspunkt der Wanderung.

Traust du dich hinein?

Verfluchte Orte: 23
BURG HACHIOJI

Japanischer Name: 八王子城
Alias: Hachioji-jo
Ort: Hachioji City, Tokio
Nächster Bahnhof: JR Takao
Fertigstellung: 1587
Höhe: 445 m
Ranking: Top 100 Burgen in Japan
Schlüsselfigur: Kriegsherr Hojo Ujiteru
Ereignis, das den Spuk auslöste: Belagerung des 23. Juli, 1590
Schauplatz des Spuks: Yurei-Spot
Merkmale/Phänomene: Erscheinungen toter Soldaten und deren Angehörige, Geräusche
Gefahrenstufe: Unterschiedlich

Hintergrund

In einem Land mit einer so starken kriegerischen Tradition wie Japan ist es nicht verwunderlich, dass einige seiner Schlachtfelder und Schlösser als spukend gelten. Eine der berühmtesten davon ist die Burg Hachioji. Noch heute soll sie von den Gespenstern des Hojo-Clans heimgesucht werden, einer mächtigen Samurai-Familie, die hier an einem Frühsommertag im Jahr 1590 auf grausame Weise ums Leben kam.

Die Stadt Hachioji – wörtlich „8 Prinzen", so benannt nach einem buddhistischen Gleichnis – ist ein ausgedehnter Vorort des Großraums Tokio, nur eine Stunde mit dem Schnellzug vom Stadtzentrum entfernt. Heute leben hier mehr als eine halbe Million Menschen, und die Straßen sind mit denselben Einkaufszentren, Cafés und Restaurants übersät wie überall in Japan. Doch so sehr sich die Landschaft auch verändert, ein wesentliches Merkmal bleibt immer gleich: der Shiroyama („Schlossberg"), der höchste Berg der Region. Auf dieser strategisch wichtigen Anhöhe errichtete der Hojo-Clan vor etwa fünf Jahrhunderten seine Festung, die Burg Hachioji.

Heute befindet sich in Shiroyama ein ruhiger, begrünter Park. Ein idealer Ort für einen Sommerspaziergang, mit schattigen Wegen, herrlichen Ausblicken und weiten Flächen, die von Vogelgezwitscher und gelegentlich sogar von Affen in den Baumkronen begleitet werden. Der Ort ist perfekt für ein Picknick.

Aber während du deinen Tee und deine Sandwiches genießt, bemerkst du vielleicht die Überreste der einstigen großen Burg: eine Steintreppe hier, eine Mauer dort. Bei näherem Hinsehen entdeckt man Verbrennungen und Schäden, die von einer Schlacht herrühren müssen. Und schaut man noch genauer hin, sind der Wald und die Wanderwege mit steinernen Denkmälern übersät, die die Geister der ruhelosen Toten beruhigen sollen. Wenn du mit dem Nachtisch fertig bist und es langsam dunkel wird, denkst du dir nur: Vielleicht war das doch nicht der beste Ort für ein Picknick.

Denn genau hier, wo du sitzt, waren vor nicht allzu langer Zeit die Hänge des Berges Shiroyama rot vom Blut der Männer, Frauen und Kinder. Und wenn die Nacht hereinbricht, so heißt es, erheben sich die längst verstorbenen ehemaligen Bewohner der Burg Hachioji, um die Ruinen erneut heimzusuchen.

Die Geschichte

Das 16. Jahrhundert war eine Ära der Bürgerkriege, die so langwierig war, dass sie als Sengoku Jidai „die Ära

der Streitenden Staaten" bekannt wurde. Dabei ging es in der Regel darum, dass mächtigere Kriegsherren schwächere Rivalen für ihre Sache gewinnen oder sie einfach vernichten konnten. Nach Generationen von Kämpfen hatten einige wenige Schlüsselfiguren Ende der 1500er Jahre ihre Macht genügend gefestigt, um einen Versuch zu unternehmen, das gesamte Land für sich zu erobern.

Darf ich vorstellen: Ujiteru-kun, das Maskottchen der Burgruinen von Hachioji! Man fragt sich, was der unglückliche Ujiteru aus diesem knuddeligen Bildnis gemacht hätte.

Einer von ihnen war ein brutaler Kriegsherr namens Toyotomi Hideyoshi. Bis Anfang 1590 hatte er die Opposition niedergewalzt und die Kontrolle über Japan mit eiserner Faust gefestigt. Nur ein Hindernis blieb: der Hojo-Clan.

Hideyoshi wusste, dass er sie vernichten musste. Und das bedeutete, ihre Basis einzunehmen: Schloss Odawara. Doch der gerissene Hideyoshi vermied es, sie direkt anzugreifen, sondern zerschlug einen ihrer Außenposten nach dem anderen und ließ die größte Eroberung bis zum Schluss liegen. Die Burg Hachioji war die größte Festung der Hojo außerhalb von Odawara, und Hideyoshis zwei oberste Generäle starteten im Juli 1590 einen frühmorgendlichen Angriff auf sie. Obwohl die Burg als uneinnehmbare Festung konzipiert worden war, wurde sie von jungen Kriegern besetzt, die von Hideyoshis kampferprobten Befehlshabern schnell überwältigt wurden. Bei dem ersten Angriff starben etwa 1000 Menschen, vor allem auf der Seite der Verteidiger. Doch die Hojo-Truppen leisteten genug Widerstand, um die Generäle vorübergehend aufzuhalten.

Die Verteidiger unter der Führung von Hojo Ujiteru, dem Sohn des Clanchefs, wussten, dass die Gnadenfrist nur vorübergehend war. Sie konnten die Festung zwar eine Zeit lang halten, aber ihr Fall war so gut wie sicher. Hideyoshis Truppen waren nie für ihr Mitleid bekannt gewesen. Daher nutzten die Familien der Männer die Kampfpause, um sicherzustellen, dass sie niemals in die Hände des Feindes fallen würden. Die Frauen und Kinder versammelten sich an einem Wasserfall auf dem Burggelände, um über ihr Schicksal zu entscheiden. Einige stürzten sich von der Kante auf die scharfen Felsen unter ihnen, andere begingen Selbstmord, indem sie sich mit Kurzschwertern oder Messern die Halsschlagadern aufschnitten.

Die Burg fiel noch am selben Tag. Hideyoshis Männer töteten jeden einzelnen Verteidiger und brannten die Burg nieder. Der Wasserfall war drei Tage und drei Nächte lang rot vor Blut. Tatsächlich wurden die Burg und ihre Bewohner so gründlich ausgelöscht, dass innerhalb weniger Generationen viele vergaßen, dass an dieser Stelle überhaupt eine Burg gestanden hatte.

Der Angriff

Ujiterus Frau war eine der wenigen Überlebenden der Schlacht. Sie verbrachte den Rest ihrer Tage damit, in zerschlissener Kleidung durch den Wald zu wandern und Flöte zu spielen, wie es in glücklicheren Zeiten ihr Hobby gewesen war. Zweifellos trugen diese seltsamen, aus dem Zusammenhang gerissenen Klänge viel dazu bei, dass die Einheimischen glaubten, es spuke an diesem Ort. Gerüchte über Geisterklänge, die in den Hügeln widerhallten, verbreiteten sich: Das Schnauben von Pferden, Gewehrfeuer und das Kreuzen von Schwertern, die Schreie von Fußsoldaten, die töteten und getötet wurden. Die extremeren unter ihnen behaupteten, die Geister würden jeden angreifen, der es wagte, ihre Ruhestätten zu verletzen – oder schlimmer noch, sie würden einem nach Hause folgen, um Unglück über die eigene Familie und Freunde zu bringen. Über Generationen hinweg galt das gesamte Gebiet als unheiliger Boden, der nicht betreten werden durfte, da man glaubte, im Wald gäbe es ebenso viele Yurei wie Bäume.

Und so blieb es bis weit ins 20. Jahrhundert hinein, als ein Archäologenteam schließlich das dichte Laub, das die Stätte überwucherte, durchstieß und die verschütteten Überreste der Burg Hachioji ausgrub. Im Jahr 1990 wurde das Gebiet offiziell als Nationalpark wiedereröffnet.

Wie du überlebst

Heutzutage glauben nur noch wenige, dass von dem Gebiet eine echte physische Bedrohung ausgeht, aber Berichte über Sichtungen und seltsame Phänomene gibt es zuhauf. Wenn du nicht auf Geister treffen willst, geh einfach tagsüber hin. Manifestationen treten hauptsächlich nachts auf, wobei die Wahrscheinlichkeit von Begegnungen bei Vollmond stark zunimmt. Neblige oder regnerische Bedingungen, wie sie während der Belagerung herrschten, gelten ebenfalls als Vorboten.

Die meisten Begegnungen sollen sich in der Nähe des Wasserfalls und des umliegenden Baches ereignen, wo sich die Frauen und Kinder umbrachten. Erscheinungen von Frauen, die auf den Felsen sitzen und über ihre Sprünge nachdenken, sind ein häufiges Thema. Der Jahrestag des Falls der Burg, der 24. Juli, soll besonders „aktiv" sein.

Wenn du zu diesen Zeiten gehst, sei nicht überrascht, wenn du nicht allein bist – als berühmter Yurei-Spot sind die Ruinen ein beliebter Ort für Jugendliche und Geisterjäger, die dort ihren Mut testen.

Die Anreise

Vom Bahnhof Shinjuku in Tokio nimmst du die JR Chuo Line bis zum Bahnhof Takao. Steige am Nordausgang in den Bus Nr. 1, steig an der Haltestelle Reienmae（霊園　）aus und folge den Schildern zu den Ruinen der Burg Hachioji.

Eine moderne Rekonstruktion des Eingangs zum Burggelände.

Verfluchte Orte: 24

YONAKI ISHI

Japanischer Name: 夜泣き石
Alias: Der heulende Stein
Ort: Sayo no Nakayama (Shizuoka)
Erwähnt in: Die sieben Wunder von Enshu
Höhe des Steins: 1 m
Gewicht: Ca. 1125 kg
Schlüsselfigur: Oishi („Frau Stein")
Ereignis welches den Spuk auslöste: Mord einer unschuldigen Frau
Tag des Ereignisses: Unbekannt. Frühes 17. Jahrhundert?
Schauplatz des Spuks: Mystery-Spot (Ort, an dem seltsame Dinge vor sich gehen)
Merkmale/Phänomene: Hörbare Erscheinungen
Gefahrenstufe: Niedrig

Die Geschichte

Vor langer Zeit befand sich eine hochschwangere Frau namens Oishi (ein Familienname, der „Stein" bedeutet) auf dem langen Heimweg durch die Berge. Sie hatte den Bergpass Sayo no Nakayama erreicht, als ihre Fruchtblase unerwartet früh platzte. Von Wehen geplagt, brach sie zusammen und konnte nicht mehr weitergehen. Ein Ronin namens Todoroki Goemon stieß auf sie. Doch als sie ihm anbot, ihr gegen Bezahlung in die Stadt zu helfen, zog der gierige Mann sein Schwert, schlug sie nieder, nahm den Geldbeutel und lief davon.

Obwohl das Schwert den Bauch der Frau durchbohrt hatte, hatte Todoroki in seiner Eile einen großen Stein erwischt, so dass er den Fötus knapp verfehlte. Nach seinem Rückzug kam das Baby durch die Wunde im Bauch der sterbenden Frau zum Vorschein. Das Kind, das auf so unkonventionelle Weise zur Welt gekommen war, hing selbst an der Schwelle des Lebens und konnte nicht einmal die Kraft aufbringen zu schreien. Als sie starb, ging der Geist der Frau in den Stein über, der die Klinge aufgehalten hatte. Und erstaunlicherweise begann der Stein auf unerklärliche Weise zu heulen, um jemanden auf die Anwesenheit des Kindes aufmerksam zu machen.

Glücklicherweise hörte ein Mönch, der zum nahegelegenen Kyuenji-Tempel zurückkehrte, die Schreie. Er entdeckte den Ort des Verbrechens und fand das Baby. Da er keine Milch oder Nahrung hatte, gab er dem Neugeborenen ein hartes Zuckerstück zu lutschen, während er zum Tempel zurückeilte. (Ähnlich wie der Geist, der Süßigkeiten kauft, auf S. 76!)

Hintergrund

„Weinende Steine" sind ein erstaunlich häufiges Phänomen in Japan. Bei der überwiegenden Mehrheit handelt es sich um Steine, die angeblich einen weinenden, klagenden oder schreienden Ton von sich geben, weil sie einst mit dem Blut eines Verbrechensopfers getränkt worden sind. Dazu gehören weinende Steine in der Präfektur Nagano, in der Stadt Kyoto und in den Vororten von Osaka. Der berühmteste dieser seltsamen Steine ist jedoch der weinende Felsen von Sayo no Nakayama, der als eines der „Sieben Wunder von Enshu" gilt.

Wie es der Zufall wollte, wuchs der kleine Junge schließlich zu einem gesunden Teenager namens Otohachi heran. Obwohl er sich erstaunlich gut eingelebt hatte, blieb die Rache für das Verbrechen, das ihn seiner Mutter beraubt hatte, immer in seinem Hinterkopf, denn der Felsen, auf dem er gefunden worden war, weinte weiterhin jede Nacht.

Eines Tages, als er zu Kannon (der Göttin der Barmherzigkeit) betete, sah Otohachi eine Vision, die ihm sagte, er solle Schwertpolierer werden. Er verließ den Tempel, reiste durch die Lande und fand schließlich einen Meister, bei dem er in die Lehre ging. Nach vielen Jahren harter Arbeit wurde er selbst Meister des Schwertpolierens und eröffnete sein eigenes Geschäft.

Kurz nachdem er sein Schild aufgehängt hatte, kam sein allererster Kunde: ein alter Ronin mit einer abgebrochenen Klinge. Als Otohachi fragte, wie die Klinge beschädigt worden war, erzählte ihm der Ronin, dass er sie vor fast 20 Jahren an einem Stein auf dem Sayo no Nakayama-Pass abgebro-

Auf den Gullideckeln in der nahegelegenen Stadt Nissaka ist der berühmte Stein ziemlich fröhlich abgebildet.

chen hatte. Seine Augen weiteten sich und Otohachi wurde klar, warum er die Vision so viele Jahre zuvor gesehen hatte. Er hielt die Klinge immer noch in den Händen und erzählte dem Ronin, wer er war.

Es heißt, Todoroki habe nicht einmal versucht zu fliehen, als Otohachi ihn mit einem einzigen Schlag seiner eigenen Klinge niederstreckte.

Der Felsen existiert wirklich. Er ist im Kyuenji-Tempel in der Präfektur Shizuoka ausgestellt, eine kurze Busfahrt vom Bahnhof Kakegawa entfernt.

Der weinende Felsen war so populär, dass der Meister des Holzschnitts, Utagawa Kuniyoshi, seine eigene Darstellung des gespenstischen Steins schuf. In seiner Version der Legende gelang es dem Geist der Frau, die Aufmerksamkeit ihres Mannes zu erregen, der dann ihren Mörder aufspürt und ihren Tod rächt.

Wie du überlebst

In Ohrstöpsel investieren? Vor heulenden Steinen brauchst du dich nicht zu fürchten, es sei denn, du bist leicht zu erschrecken.

Felsenstars

In Japan gibt es seltsame Felsen in allen Formen und Größen. Zusätzlich zu den oben beschriebenen Felsen gibt es noch folgende:

- Der Kosokoso-Iwa in Okayama, der „Flüsterfelsen", der unverständlich flüstert.
- Kagawas Omanno-Iwa oder „Omans Stein", der das Phantombild einer älteren Dame projiziert, die behauptet „Ich bin Omans Mutter".
- Naganos Mono-Iwa, „Der Felsen", der Passanten, die sich in Lebensgefahr befinden, zuruft: „Ihr werdet getötet".
- Und unser persönlicher Favorit, Okayamas Shakushi-Iwa oder „Reisschaufel-Stein", der eine Phantom-Reisschaufel ausstreckt und von Passanten hörbar Miso-Paste verlangt.

Diese Art von Felsen sind eher als seltsame Phänomene zu beschreiben, als dass sie per se spuken, und werden daher im Allgemeinen eher als Yokai denn als Yurei eingestuft.

DIE SIEBEN WUNDER VON ENSHU:

Ähnlich wie „Urban Legends" (obwohl angesichts der Zeit und des Ortes „ländliche Legenden" zutreffender ist) stammen diese angeblich wahren Geschichten alle aus der Provinz Enshu, einem Gebiet, das einem Teil der heutigen Präfektur Shizuoka entspricht. Neben dem weinenden Stein sind dies „Die große Schlange von Sakura-Ga-Ike", „Der Phantomsee von Ike-No-Daira", „Das Tengu-Feuer der Stadt Omaezaki" und acht weitere. (Ja, das sind insgesamt 12.) Im Japanischen wird „sieben" oft in Verbindung mit dem Mächtigen und Geheimnisvollen verwendet.

Ein heulender Stein aus der Stadt Takachiho, Kyushu. Diesem Stein wird die Fähigkeit nachgesagt, jedes weinende Baby zu beruhigen!

Verfluchte Orte: 25

JOMON-TUNNEL

Japanischer Name: 常紋トンネル
Alias: Hitobachira-Tunnel
(Tunnel der Menschenopfer)
Ort: Hokkaido
Tunneltyp: Eisenbahn
Fertigstellung: 1914
Länge: 507 m
Max. Tiefe: 300 m
Bauduaer: 3 Jahre
Ereignis, das den Spuk auslöste:
Belagerung des 23. Juli 1590
Schauplatz des Spuks: Yurei-Spot
Merkmale/Phänomene: Visuelle und hörbare Erscheinungen, Trauma/Krankheit für diejenigen, die oft hindurchgehen
Gefahrenstufe: Unterschiedlich

Hintergrund

Tunnel sind klassische Orte, an denen man Yurei begegnet. Das liegt sicher auch daran, dass sie keine besonders angenehmen Orte sind. Sie sind dunkel, sie sind stickig, sie sind feucht, sie sind tief unter der Erde – ein bisschen wie ein Grab, wenn man darüber nachdenkt. Aber die Angst, die man bei der Fahrt durch einen Tunnel empfindet, ist nichts im Vergleich zu der Angst der Menschen, die sie bauen müssen.

Japans gebirgiges Terrain ist ein wahrer Schweizer Käse aus Tunneln, von denen viele noch aus der Antike stammen. Selbst mit modernen Techniken und leistungsfähiger mechanischer Ausrüstung kann das Graben von Tunneln eine gefährliche Arbeit sein. Aber die heutigen Bedingungen verblassen im Vergleich zu früheren Zeiten, als die Tunnel noch vollständig von Hand gegraben werden mussten.

Meistens handelte es sich dabei um die eine oder andere Art von Zwangsarbeitern – entweder Gefangene oder Menschen, die aus welchen Gründen auch immer keine bessere Arbeit finden konnten. Zusätzlich zu den langen Arbeitszeiten, der geringen bis fehlenden Entlohnung und den allgemein entsetzlichen Arbeitsbedingungen hatten diese Arbeiter noch eine weitere Sorge: Sie wurden zu Hitobashira – „menschlichen Säulen" – gemacht.

Menschliche Säulen sind Menschenopfer, die als Opfergabe für die Götter lebendig in den Fundamenten von Bauwerken begraben wurden. Sie werden häufiger mit Burgen und Brücken in Verbindung gebracht (auf die wir auf S. 132 näher eingehen). Aber in mindestens einem Fall scheinen sie auch in einem Tunnel verwendet worden zu sein: Der Jomon-Tunnel in Hokkaido. Willkommen im geisterhaftesten Loch Japans.

Der Jomon-Tunnel ist nur etwas mehr als einen halben Kilometer lang, also vergleichsweise kurz. Dennoch führt er durch eine der härtesten und abgelegensten Gegenden, die die weit entfernte Insel Hokkaido zu bieten hat. Es ist eine Region mit dichten Wäldern und tief eingeschnittenen Tälern, in der die Temperaturen im Winter regelmäßig unter 0 Grad fallen.

Die Geschichte

Zu Beginn des 20. Jahrhunderts war Japan bestrebt, seine Eisenbahnen bis in jeden Winkel des Landes auszubauen. Die Nachfrage nach Arbeitskräften überstieg das Angebot bei weitem. Nur wenige qualifizierte Handwerker wollten in der rauen Umgebung von Hokkaido, Japans äußerster,

kältester Grenze, arbeiten. Also machte die Regierung die Differenz mit einem Pool von Arbeitskräften wett: Gefangene.

Die Sträflinge arbeiteten in einer Art Ketten, die als Takobeya rodo bekannt wurde: „Krakengefäß-Arbeit". Der Name stammt von den Fallen, die die Fischer aufstellten und die so konstruiert waren, dass ein Krake, wenn er einmal drin war, nicht mehr herauskam. Tagsüber arbeiteten die Männer ununterbrochen; nachts litten sie unter den Minusgraden in unisolierten Hütten, wobei die gesamte Gruppe an eine riesige hölzerne Bettplattform gefesselt war, die an einer Seite einen einzigen Baumstamm als „Kissen" enthielt. (Anstelle eines Weckers verpasste der Aufseher dem Holzstamm morgens ein paar Hammerschläge, um die Köpfe der Gefangenen zum Klingeln zu bringen.)

Eine gemischte Truppe aus Gefangenen und aus anderen Teilen Japans angeworbenen Arbeitern benötigte drei Jahre, um den Tunnel zu bauen, einen von mehreren entlang einer isolierten Eisenbahnlinie, die die Grenze von Hokkaido noch weiter nach Norden verschob. Schon kurz nach der Eröffnung des Jomon-Tunnels gab es Gerüchte über Geistererscheinungen. Obwohl die Züge mit hoher Geschwindigkeit durch den Tunnel fuhren, berichteten Schaffner und Reisende von allerlei seltsamen Phänomenen innerhalb und außerhalb der Tunnelöffnungen.

Die Geschichten besagten, dass die Geister diejenigen der Männer waren, die den Tunnel gebaut hatten. Die Bedingungen waren unglaublich hart, eher wie in einem Gulag als in einem Arbeitslager. Unter den gefangenen Arbeitskräften gab es alles, von Mördern über politische Kriminelle bis hin zu einfachen Schuldnern. Was auch immer sie gewesen waren, jetzt waren sie im Wesentlichen menschliche Maschinen, die gleichermaßen der Brutalität der Natur und der Brutalität der Männer unterworfen waren, die über sie wachten, die schufteten, bis sie nicht mehr arbeiten konnten, und die dann entsorgt wurden.

Selbst wenn die Aufseher sich um das Wohlergehen ihrer Gefangenen gekümmert hätten, war der nächste Arzt viele Kilometer entfernt. Unterernährung gehörte zum Alltag der Arbeiter. Krankheiten wie Beriberi (ein chronischer Vitaminmangel, der unbehandelt tödlich ist) grassierten in den Reihen der Häftlinge. Wenn das Wachpersonal auf gefallene Häftlinge stieß, stapelten sie die Leichen einfach auf Karren, um sie vor Ort in Seitenschächten und Arbeitstunneln zu begraben. Und wenn sie jemanden fanden, der sich gerade noch so am Leben halten konnte? Pech gehabt. Es gab sowieso keine Medizin. Also ab in die Grube. „Die Leichen liegen heute noch da!", flüsterten die Einheimischen. „Deshalb spukt es dort!"

Jahrelang taten die Behörden sowohl die Gerüchte über die Behandlung der Gefangenen als auch die Sichtungen als Spekulation und Übertreibung ab. 1970 betrat ein Reparaturteam den Tunnel, um einen Riss zu flicken, der durch ein Erdbeben entstanden war. Hinter bröckelnden Ziegelsteinen entdeckten die Arbeiter mehrere Skelette, die dort offenbar eingemauert worden waren. Menschenopfer? Keiner der Arbeiter war mehr am Leben, um die wahre Geschichte zu erzählen, aber weitere Ausgrabungen förderten eine Grabgrube in der Nähe des Eingangs zutage, die mit Dutzenden – manche sagen Hunderten – von Leichen gefüllt war.

Die Geschichten waren wahr.

Der Angriff

Zu den Berichten der Tunneldurchreisenden gehören:
- Ein allgemeines Gefühl des Unbehagens
- Ungeklärte Seufzer und Stöhngeräusche
- Eine Stimme, die „Ich habe Hunger ... Mama, füttere mich" flüstert
- Ein überdurchschnittlich hoher Anteil an körperlichen und geistigen Erkrankungen bei den Beschäftigten der Bahnstrecke und ihren Familien
- In einem Fall veranlasste das Auftauchen einer blutverschmierten Person, die durch den Tunnel taumelte, einen Schaffner zu einer Notbremsung, doch bei der Durchsuchung der Gegend wurden keine Anzeichen eines Eindringlings oder einer Leiche gefunden.

Wie du überlebst

Bleib auf deinem Platz und halte durch. Es gibt keine Berichte über Verletzungen oder Todesfälle bei Personen, die den Tunnel einfach durchfahren. Dies ist eine der abgelegeneren Zugstrecken Japans, so dass es nicht schwer sein sollte, sie zu meiden. Wenn du aber auf der Suche nach Nervenkitzel bist, solltest du die Sekihoku-Hauptlinie nehmen, die die Städte Asahikawa und Abashiri verbindet. Der Tunnel selbst befindet sich in der Nähe des Bahnhofs Kinka.

Die Einheimischen gingen auf Nummer sicher und errichteten ein Denkmal für die gefallenen Arbeiter außerhalb des Bahnhofs, aber bis heute gibt es immer wieder Berichte über Erscheinungen.

GRUSS AUS DEM GEFÄNGNIS

Im Museum des Abashiri-Gefängnisses in der gleichnamigen Stadt im Norden Hokkaidos kann man die Arbeitslager der „Kraken-Gefäße" selbst erkunden. Einst diente es als Arbeitslager für die Zähmung von Hokkaidos wildem Grenzland. In den 60er-Jahren wurde es geschlossen und in den 80er-Jahren als Bildungseinrichtung wiedereröffnet.
http://www.kangoku.jp/

Eine Nachstellung dieser Kettenarbeit im Abashiri-Gefängnis-Museum.

Verfluchte Orte: 26

OIRANBUCHI

Japanischer Name: おいらん淵
Alias: Abgrund der Kurtisanen, Choshi no taki (Chochi-Wasserfall, offizieller Name)
Terrain: Wasserfall (Flusstal)
Ort: Präfektur Yamanashi
Ursprung des Spuks: Mitte 1570
Schauplatz des Spuks: Yurei-Spot
Merkmale/Phänomene: Hörbare Erscheinungen, Flüche
Existenz: Historisch überliefert?
Gefahrenstufe: Unterschiedlich

Hintergrund

Wasserfälle sind in Japan allgegenwärtig. Viele von ihnen werden als heilige Orte und Orte der spirituellen Reinigung verehrt. Das Rezitieren von Sutren unter dem unaufhörlichen Hämmern eines eiskalten Wasserfalls ist eine klassische Art der Schulung in den Religionen des Buddhismus und des Shugendo.

Andere Wasserfälle haben eine dunklere Geschichte. Auf den ersten Blick erscheint dieser Wasserfall wie ein kleines Stückchen Himmel auf Erden. Doch an einem Sommertag vor etwa 500 Jahren wurden hier 55 Kurtisanen unwissentlich in den Tod getrieben. Heute ist der Wasserfall als „Abgrund der Kurtisanen" bekannt und gilt als einer der geisterhaftesten Orte des Landes.

Die Geschichte

Vor vielen Jahrhunderten, in der Ära der Streitenden Staaten, kämpften die Kriegsherren Japans um die Vorherrschaft und versuchten, die Kontrolle über das Land an sich zu reißen. Genau wie bei modernen militärischen Kampagnen waren für diese Angelegenheiten riesige Geldsummen erforderlich. Nachrichtendienste mussten beschafft, Bündnisse mit potenziellen Verbündeten geschmiedet und natürlich Soldaten ausgebildet, untergebracht und ernährt werden. Das alles kam zu den üblichen Betriebskosten eines Lehnsgutes hinzu.

Es gab viele Möglichkeiten, an diese Mittel zu gelangen. Man konnte in das Gebiet eines Rivalen eindringen und dessen Vermögen plündern. Man konnte finanzielle Unterstützung finden, indem man sich mit den Feinden eines gemeinsamen Feindes zusammenschloss. Oder man konnte sie selbst beschaffen.

Ein bestimmter Clan von Kriegsherren, die Takeda, finanzierten ihre Taten mit Gold, das sie in einer geheimen Mine in den Ausläufern des Berges Kurokawa Kinzan abbauten. Es handelte sich um ein riesiges Unternehmen, an dem viele Aufseher, Arbeiter und verschiedene andere Personen beteiligt waren, darunter auch eine Reihe von weiblichen Animateuren, die die Männer in ihrer Freizeit beschäftigten.

Diese Mittel wurden nicht nur für die Kriegsführung verwendet. Große Mengen davon wurden in einer Art vergrabenem Gewölbe gelagert. Noch mehr wurde in den Hügeln und Bergen als Opfergaben an die Götter in religiösen Ritualen vergraben, die den Takeda einen Vorteil im Kampf verschaffen sollten. Manche glauben, dass der vergrabene Schatz auch heute noch in den Bergen der Präfektur Yamanashi liegt. Wir raten jedoch davon ab, sich auf Schatzsuche zu begeben. Während das zu Sparzwecken gelagerte Gold eine wahre Schatz-

truhe wäre, wurde das als Opfergabe verwendete Gold im Rahmen geheimnisvoller religiöser Riten vergraben. Wer die sorgfältig ausgesuchten Ruhestätten dieser Horte stört, riskiert, die kunstvollen Zaubersprüche der Takeda zu brechen und Fluch und Verderben über sich zu bringen. So heißt es zumindest.

Ladies Night

Zum Teil wegen der sinkenden Erträge und zum Teil, weil der Clan gegenüber anderen Kriegsherren rapide an Boden verlor, sahen sich die Takedas gezwungen, den Bergbaubetrieb zu schließen. Um zu verhindern, dass Informationen über die Existenz und den Standort der Mine in die Hände des Feindes fallen, beschlossen die Clanführer, sich dessen zu entledigen, was sie als eine wichtige potenzielle Informationsquelle ansahen: die Frauen. Die Takedas wussten sehr wohl um die Macht des Bettgeflüsters, viele der Arbeiter hätten in einem Anfall von Leidenschaft den Standort von Goldverstecken oder andere wichtige Informationen preisgeben können. Und während die Männer als Arbeitskräfte für andere zukünftige Projekte zur Verfügung stehen würden, müssten sie die Frauen weiter ziehen lassen. Oder?

Die Takedas errichteten eine massive Plattform, die über einer Flussschlucht in der Nähe der Mine schwebte. Die 55 Kurtisanen wurden auf diese behelfsmäßige Bühne geführt und aufgefordert aufzutreten, angeblich als Übung für eine Party. Doch gerade als die Damen mit ihren Gesangs- und Tanzeinlagen in Schwung kamen, hackten die Takeda-Männer mit ihren Schwertern auf die Seilstützen ein, so dass die schreienden Frauen auf die scharfen Felsen stürzten. Die wenigen, die den Sturz in die Schlucht überlebten, wurden von dem Wasserfall in den sicheren Tod gerissen.

Spionage Ninja

Die obigen Ausführungen stellen die gängige Meinung darüber dar, was geschah. Aber es lässt zwei Fragen unbeantwortet. Warum sollte man sich die Mühe machen, eine verlassene Goldmine zu schützen? Und wenn die Kriegsherren die Frauen einfach nur tot sehen wollten, warum dann ein so aufwendiger Trick? In jener Zeit waren Frauen im Grunde Bürgerinnen zweiter Klasse, die den Männern quasi gehörten.

Aber wir haben eine Theorie. Was wäre, wenn weder die Kurtisanen noch die Geschichte über den Schutz der Geheimhaltung der Mine das waren, was sie zu sein schienen?

Der Goldabbau der Takeda – und ihr Einfluss – erreichten ihren Höhepunkt unter der Führung des Kriegsherrn Takeda Shingen, einem strategischen Genie, das die Mittel auch zum Aufbau einer ausgeklügelten Spionageorganisation nutzte. Er ist vor allem für seinen geschickten Einsatz von weiblichen Spionen bekannt, die euphemistisch als „wandelnde Jungfrauen" bezeichnet werden, aber eigentlich Ninja sind, um Informationen zu sammeln. Sie gaben sich als alles Mögliche aus, von heiligen Frauen über Dienerinnen bis hin zu Prostituierten, und nutzten ihre weiblichen Reize, um Takedas Rivalen Geheimnisse zu entlocken. Nach Shingens Tod im Jahr 1573 verschwendeten seine Rivalen keine Zeit damit, seine Besitztümer zu stehlen – und sein Sohn Katsuyori konnte sie nicht aufhalten.

Was wäre, wenn der angeschlagene Katsuyori beschließen würde, die schnell schrumpfende Mine als Tarnung zu benutzen, um das Spionagenetzwerk seines Vaters zum Schweigen zu bringen? Die „wandelnden Jungfrauen" kannten viele Geheimnisse des Takeda-Clans, und Katsuyori wurde zweifellos paranoid, als er das Erbe seines Vaters nicht mehr im Griff hatte. Die Aufführung in der Mine wäre ein geeigneter Trick gewesen, um die Frauen an diesen Ort zu locken. Die gut ausgebildeten weiblichen Ninja waren ja durchaus in der Lage, sich zu verteidigen. Plötzlich ergibt der übermäßig ausgeklügelte Plan, 55 „Kurtisanen" auf einen Schlag loszuwerden, viel mehr Sinn.

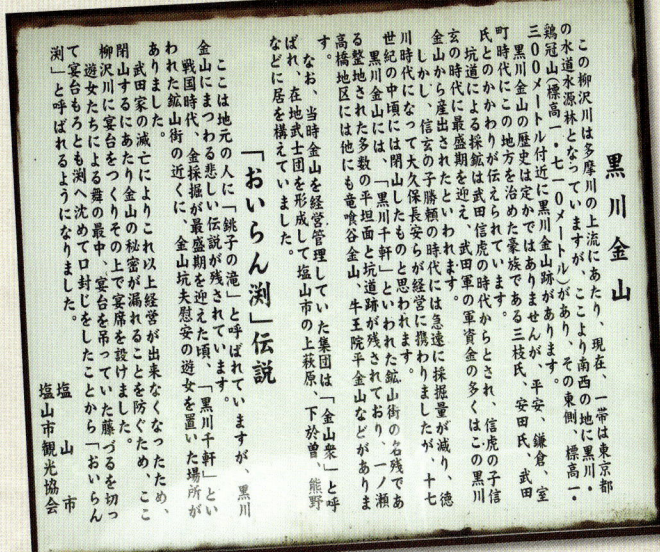

Das verfluchte Schild. Traust du dich, es bis zum Ende zu lesen?

Der Angriff

Ähnlich wie die Burg Hachioji und Tabaruzaka ist Oiranbuchi ein beliebter Ort, um nachts seinen Mut zu testen. Er ist isoliert, ohne Wohnhäuser oder Gebäude in der Nähe. Es ist dunkel. Es ist still. Handys funktionieren nicht.

Es gibt Berichte über seltsame Phänomene an diesem Ort:

- Die Geräusche von Frauen, die vor Schmerzen schreien, vermutlich die der Kurtisanen nach dem Sturz
- Singende Stimmen – alte Lieder, wie sie eine Kurtisane gekannt haben könnte
- Heute steht an der Stelle ein Metallschild, das das Schicksal der Kurtisanen beschreibt. Es heißt, dass diejenigen, die es von Anfang bis Ende lesen, verflucht werden

Wie du überlebst

Viele „Geisterjäger" tun Berichte über Phänomene an diesem Ort als Hirngespinste ab und weisen darauf hin, dass es doch nur der Ort wäre, an dem die Leichen der Opfer geborgen wurden. Der wirklich verfluchte Ort ist derjenige, von dem die unglücklichen Frauen fielen – ein Ort namens Shin no Oiranbuchi („Der wahre Oiran Buchi"). Wir vermuten, dass die allgemeine Idee hinter dieser Theorie ist, dass der Schock und das Trauma des plötzlichen Abwurfs und nicht der Tod die Gegend „prägt".

Wie dem auch sei, der wahre Oiranbuchi ist weder leicht zugänglich noch öffentlich bekannt. Er ist durch eine Handvoll behelfsmäßiger hölzerner Grabmarkierungen gekennzeichnet und liegt auf einem Abgrund, der heute noch genauso tückisch ist wie vor 400 Jahren. Die sehr reale Gefahr, auszurutschen und zu stürzen, überwiegt bei weitem jede potenzielle Gefahr durch die Geister der Kurtisanen. Falls du es auf irgendeine Weise dorthin schaffst, empfehlen wir dir auf deine Füße zu achten, anstatt nach Geistern zu suchen.

Verfluchte Orte: 27

SUNSHINE-60-HOCHHAUS

Japanischer Name: サンシャイン60
Alias: Sunshine Rokuju (Rokuju bedeutet 60)
Typ: Wolkenkratzer (gemischte Nutzung)
Konstruktion: Stahl und verstärkter Beton
Etagen: 60
Ort: Ikebukoro, Tokio
Grundstein: 1973
Eröffnung: 1978
Höhe: 239,7 m
Aufzüge: 41
Schauplatz des Spuks: Mystery-Spot
Merkmale/Phänomene: Verschiedene Erscheinungen, Feuerbälle, seltsame Ereignisse, generelle schlechte Stimmung
Gefahrenstufe: Unterschiedlich

Wirf einfach einen kurzen Blick auf die Zeitachse der Gegend …

1721: Ikebukuro ist zu dieser Zeit ein verschlafener Vorort mit Herrenhäusern, Tempeln und Bauernhöfen. Ein mysteriöses Individuum (oder Individuen?) beginnt, Passanten in einer Reihe von Vorfällen zu überfallen, die euphemistisch als Tsujigiri oder „Schwerttests" beschrieben werden. Sie fordern insgesamt 64 Opfer – und einmal 17 in einer einzigen Nacht. Der Täter wird nie identifiziert.

1895: Die Häftlinge des Ishikawajima-Gefängnisses, das von dem legendären Gesetzeshüter Hasegawa gegründet wurde, werden in eine neue Einrichtung in Ikebukuro verlegt. Das nun Sugamo Keimusho (Gefängnis) genannte Gebäude basiert auf dem damals modernen europäischen Gefängnisdesign.

1920: Als Japan im Totalitarismus versinkt, verlagert sich der Auftrag des Sugamo-Gefängnisses von der Rehabilitierung von Kriminellen auf die Unterbringung von politischen Gefangenen, von Personen, die sich „Gedankenverbrechen" schuldig gemacht haben, und von anderen, die von der Regierung als unerwünscht angesehen werden. Ihre Aufenthalte waren bestimmt nicht angenehm.

1930–1940: In den Kriegsjahren kommen zu den Insassen des Sugamo-Gefängnisses verschiedene Spione und Kriegsgefangene hinzu, die alle brutal verhört und von denen viele auch hingerichtet werden.

1945 (April): Bombenangriffe verwüsten die gesamte Stadt, auch Ikebukuro.

Hintergrund

In den 1980er Jahren war dies für kurze Zeit der höchste Wolkenkratzer Asiens. Diesen Titel hat er zwar verloren, aber in einer anderen, weniger bekannten Kategorie ist er immer noch führend. Sunshine-60 wird von vielen als das am meisten heimgesuchte Hochhaus der Welt angesehen. Aber wie du sehen wirst, hat sein Ruf weniger mit Geistern zu tun als mit der schieren Anzahl an schlimmen Dingen, die in diesem ansonsten unscheinbaren Hochhaus im Laufe der Jahre passiert sind.

Die Geschichte

Higashi Ikebukuro, das Viertel, in dem das Sunshine-60 liegt, gilt schon lange als unberechenbar. Nenn es Schicksal, nenn es Karma, nenn es, wie du willst, aber es ist eine Tatsache, dass hier immer wieder schlimme Dinge passieren. Du glaubst uns nicht?

Die große Zahl der Opfer überfordert die Leichenhallen, die 731 bei den Angriffen getöteten Einwohner von Ikebukuro müssen auf einem Massenscheiterhaufen in einem örtlichen Park verbrannt werden.

1945 (August): Das Sugamo-Gefängnis wird von den amerikanischen Streitkräften beschlagnahmt, geräumt und für die Unterbringung von Personen genutzt, denen Kriegsverbrechen vorgeworfen werden.

1948: Sieben Männer, die vor dem Tokio Kriegsverbrechertribunal verurteilt wurden, werden im Sugamo-Gefängnis hingerichtet. Anstatt die übliche japanische Methode anzuwenden, bauen die amerikanischen Streitkräfte ein eigenes Schafott im westlichen Stil, um die Männer zu hängen.

1958: Die restlichen Kriegsverbrecher, die nicht zur Hinrichtung verurteilt wurden, werden nach Verbüßung ihrer Strafe entlassen. Das Sugamo-Gefängnis wird offiziell geschlossen.

1966: Das Gebiet wird offiziell in Higashi Ikebukuro (Ost-Ikebukuro) umbenannt.

1971: Die Überreste des Sugamo-Gefängnisses werden abgerissen.

1973: Der erste Spatenstich für das Suhnshine-60-Gebäude erfolgt. Der Wolkenkratzer wird auf demselben Gelände errichtet, auf dem sich einst das Sugamo-Gefängnis befand. Bauarbeiter berichten von einer Reihe seltsamer Vorkommnisse, darunter ein seltsames Stöhnen, das Auffinden einer großen Menge mysteriöser, verrottender Stoffe, eine höhere Zahl von Verletzten als üblich und unerklärliche Fehlfunktionen der Geräte.

1978: Das Sunshine-60 wird mit großem Getöse eröffnet. Es bricht sowohl den Rekord für das höchste Gebäude in Asien als auch für die schnellsten Aufzüge der Welt.

1980: An einer Ecke des Geländes wird in aller Stille eine Steintafel zum Gedenken an die im Sugamo-Gefängnis verstorbenen Personen angebracht. Sie befindet sich auf dem Schafott, an dem die Gefangenen gehängt wurden. Sie steht heute noch dort.

1999: In einem unheimlichen Nachhall der grundlosen Angriffe 278 Jahre zuvor tötet ein geistig verwirrter Mann, der mit einem Messer und einem Hammer bewaffnet ist, zwei Fußgänger und verletzt sechs weitere schwer. Er wird gefasst und zum Tode verurteilt.

Der Angriff

Tagsüber ist Sunshine-60 ein modernes, helles und lebhaftes Geschäftszentrum. Es ist voll von Geschäften, Restaurants, Theatern, Bühnen und

Das steinerne Denkmal, das an der Stelle des Galgens im Schatten des Sunshine-60-Hochhaus errichtet wurde.

Touristenattraktionen wie einer Aussichtsplattform und einem Aquarium. Es gibt sogar eine Anspielung auf die dunklere Seite der Geschichte des Gebäudes. „Namja Town", ein beliebter Treffpunkt für Tokios Teenager, ist ein Indoor-Themenpark mit Spukhaus und anderen Vergnügungen. Wie viele städtische Geschäftskomplexe leert sich das Gebäude jedoch nachts fast vollständig. Und dann werden die Dinge eigenartig.

Zeugen berichteten von allerlei seltsamen Phänomenen in und um das Gebäude nach Geschäftsschluss. Dazu gehören:

- Geisterhafte Schritte, die durch die Gänge hallen
- Unerklärliche Musik, die von leeren Bühnen und Orchesterräumen ausgeht
- Mysteriöse Spiegelungen von menschlichen Gesichtern in den Glastüren und Fenstern des Eingangsbereichs, angeblich von den dort einst Inhaftierten

Der berühmteste Vorfall ereignete sich jedoch am 8. August 1979, dem 34. Jahrestag des Endes des Zweiten Weltkriegs, als ein Trio von Oberschülern in dieser Nacht mysteriöse Feuerbälle über dem Gebäude schweben sah. Wie das Irrlicht und das „Fuchsfeuer" in der europäischen Folklore werden derartige Lichter in Japan seit langem mit Geistererscheinungen in Verbindung gebracht. Als am nächsten Tag Berichte über den Vorfall in den Zeitungen erschienen, meldeten sich viele andere Einheimische und berichteten von ähnlichen Sichtungen.

Wie du überlebst

Trotz des seltsamen Verhaltens gibt es keine Berichte über Verletzungen, die von anderen Wesen als Menschen verursacht wurden. Aber wenn du zu der Sorte Mensch gehörst, die sich leicht erschrecken lässt, meide Higashi Ikebukuro bei Nacht!

Trivia

Eine urbane Legende besagt, dass die Treppe zum Schafott intakt gelassen und in die Struktur des Kellergeschosses des Gebäudes integriert wurde. Die Treppe befindet sich angeblich tief in den unteren Etagen des Gebäudes und ist für den normalen Besucher nicht zugänglich.

Auch das Manga-Kollektiv CLAMP wurde inspiriert und hat das Sunshine-60-Hochhaus in zwei seiner Werke („X" und „Tokio Babylon") als Quelle okkult-magischer Kräfte aufgenommen.

Ein Schrein, der zum Gedenken an die Opfer der Messerstecherei von 1721 errichtet wurde. Heute leben in dem Gebiet viele Obdachlose.

Verfluchte Orte: 28

OSORE-ZAN

Japanischer Name: 恐山
Alias: Berg der Angst
Ort: Tohoku, Japan
Terrain: Vulkanisch
Höhe: 278 m
Nächster Tempel: Bodai-ji-Tempel
Schauplatz des Spuk: Reijo-Spot (geweihtes Gebiet – Sammelplatz für Seelen)
Merkmale/Phänomene: Begegnungen
Gefahrenstufe: Niedrig

Wahre Geschichte

Auf dem Berg der Angst ist die Hölle los. Buchstäblich. Die Schritte suchen auf dem vulkanischen Geröll nach Halt. Der Gestank von faulen Eiern und Schwefel liegt schwer in der Luft. Aus tiefen Rissen in der Erde steigt kochender Dampf auf. Trübe, seltsam gefärbte Flüssigkeiten sickern schläfrig in natürliche Kessel aus Stein. Die einzigen Lebenszeichen sind die Steinhaufen, die frühere Besucher zurückgelassen haben, und das einzige Geräusch ist das Tosen der unzähligen sich drehenden Windmühlen, die als Opfergaben hinterlassen wurden. Niedrige Wolken hängen wie ein Sargdeckel herab, verdunkeln die Sonne und färben das Wasser des Usoriko-Sees giftig gelb. Keine Wellen brechen seine Oberfläche. Sein schwefelhaltiges Wasser ist so karg wie die Landschaft, die ihn umgibt.

Ein Paar begutachtet die Einöde. „Kannst du mir sagen", fragt Matt, „warum du zu unserem Hochzeitstag hierherkommen wolltest? Hier lebt doch nichts."

„Das ist in Ordnung", antwortet Hiroko. „Die Leute kommen nicht nach Mount Fear, um die Lebenden zu treffen."

Hintergrund

Vor über 1000 Jahren studierte ein Mönch namens Ennin den Buddhismus in China, als er eine Vision träumte. „Du wirst 30 Tage lang wandern, um den Berg der Toten zu finden, dort einen Bodhisattva zu schnitzen und den Weg des Buddha zu fördern." Er kehrte sofort nach Hause zurück und begab sich auf eine Pilgerreise. Der Ort, an dem er sich genau einen Monat später wiederfand, hieß Osore-zan – Berg der Angst. Seine kleine religiöse Zuflucht wuchs schließlich zu dem Tempel, der heute als Bodai-ji bekannt ist.

Mount Fear ist eigentlich kein Berg, sondern liegt in einer breiten vulkanischen Kraterlandschaft. Die Einheimischen glauben seit langem, dass die Seelen ihrer Liebsten hier eine Zeit lang verweilen, bevor sie in die Unterwelt gehen.

Als solcher ist er nicht gerade „heimgesucht" im traditionellen Sinne des Wortes. Genauer gesagt ist er als „reijo" bekannt, was oft mit „heilig" oder „geheiligter Boden" übersetzt wird, aber wörtlich einen Ort bezeichnet, an dem Seelen wohnen. Tatsächlich wird der Berg der Angst als einer der „Drei großen Reijo Japans" eingestuft. (Die beiden anderen sind der Berg Hiei in der Präfektur Shiga und der Berg Koya in der Präfektur Wakayama).

Es ist ein Fegefeuer ähnliches Gebiet, das bewusst von denjenigen aufgesucht wird, die Kontakt mit den kürzlich Verstorbenen aufnehmen wollen. Die trostlose Landschaft, die dampfenden Quellen und die rundum unheimliche Atmosphäre werden auch als eine Art „Imagetraining" für den eigenen Besuch in der Unterwelt angesehen.

(Einen ausführlichen Blick auf das, was dich da erwartet, findest du in Kapitel 7). Der Fluss, den man überqueren muss, um das Bodai-ji-Tempelgebiet zu betreten, wird Sanzu no kawa – der Fluss Styx – genannt. Die Lebenden können ihn überqueren und nach Hause zurückkehren. Die Seelen der Toten können das nicht.

Das Medium ist die Nachricht

Zweimal im Jahr finden im Bodai-ji-Tempel wochenlange Feste statt, bei denen örtliche Itako (Geist-Medien) zusammenkommen, um Sitzungen für Besucher abzuhalten.

Itako ist die Bezeichnung für Schamanen aus der Region Tohoku (dem nördlichsten Teil der japanischen Hauptinsel Honshu). Sie sind fast immer weiblich, und viele von ihnen sind blind. Sie sind berühmt für ihre Fähigkeit, die Seelen der Verstorbenen aufzuspüren und zu kanalisieren, eine Technik, die als Kuchiyose bekannt ist. Gegen eine bestimmte Gebühr, in der Regel im Bereich von 4.500 ¥ (ca. 30 Euro), nimmt eine Itako Kontakt zu einer verstorbenen Person auf und leitet deren Stimme durch ihren Körper. Der einzige Trick: Die Geister sprechen unweigerlich in der natürlichen Stimme der Itako, unabhängig von Geschlecht oder Nationalität. Das bedeutet einen dicken Tohoku-Akzent, der selbst für viele japanische Muttersprachler undurchdringlich ist. Viel Glück bei dem Versuch herauszufinden, wo Oma das lang vermisste Backrezept der Familie gelassen hat.

Die Itako wenden eine Vielzahl von Methoden an, um mit den Toten in Kontakt zu treten. Am gebräuchlichsten ist das rituelle Singen über einem buddhistischen Rosenkranz. Früher ließen sich Hunderte von jungen Frauen zu Itako ausbilden und arbeiteten als solche; heute ist ihre Kunst weitgehend ausgestorben (kein Wortspiel beabsichtigt), und die Zahl der Itako ist auf etwas mehr als ein Dutzend gesunken.

Ob man nun an die übernatürlichen Fähigkeiten der Itako glaubt oder nicht, es steht außer Frage, dass sie einen positiven Dienst leisten. In früheren Zeiten war dies eine der wenigen Möglichkeiten für eine sehbehinderte Frau, ihren Lebensunterhalt zu verdienen. Und ihre Anwesenheit ist oft ein großer Trost für die Hinterbliebenen. In den Küstengebieten um den Berg gab es viele Fischerdörfer, und im Laufe der Jahre kehrten nicht wenige Männer, die aufs Meer hinausfuhren, nicht zurück. Die Itako spielen immer noch eine wichtige Rolle bei der Linderung des Schmerzes der trauernden Familienmitglieder. Ihre Fähigkeit, den Hinterbliebenen bei der Trauerarbeit zu helfen, ist derzeit Gegenstand einer mit 1,1 Millionen Yen dotierten Studie der Aomori University of Health and Welfare.

Der Angriff

Die Leute kommen hierher, um die Toten zu treffen. Erinnerst du dich an die 4.500 ¥, die du gerade an die Itako gezahlt hast? Es gibt keinen Angriff. Wenn du Kontakt mit einem geliebten Menschen aufnimmst, kannst du dich glücklich schätzen.

Der Fahrer des Busses, der uns vor einigen Jahren auf den Berg brachte, hat uns eine interessante Geschichte erzählt. Eines Tages kaufte er aus einer Laune heraus eines der glänzenden Windräder aus Folie vom Berg der Angst, aber anstatt es in der „Unterwelt" zu lassen, wie es üblich ist, brachte er es als Geschenk für seine Tochter mit nach Hause. Diese erkrankte einige Stunden später an Fieber, und als seine Frau erfuhr, woher das Windrädchen stammte, platzte ihr der Kragen. Er war gezwungen, zurück auf den Berg zu fahren, über einen Zaun zu klettern und das Windrad einzupflanzen, mitten in der Nacht. Als er zurückkam, war das mysteriöse Fieber seiner Tochter abgeklungen.

Wie du überlebst

Überleben? Komm schon, hör auf, dir Sorgen zu machen! Der einzige Grund, hierher zu kommen, ist der Kontakt. Versucht, die Schwefeldämpfe zu ignorieren und konzentriert euch auf diejenigen, die dabei sind, von dieser Welt in die nächste zu wechseln. Der Berg der Angst ist so ziemlich die letzte und beste Chance, mit ihnen in Kontakt zu kommen.

Es ist üblich, Opfergaben mitzubringen, sowohl aus Respekt als auch aus dem Wunsch heraus, den Geistern ihre Zeit angenehmer zu gestalten.

Dazu gehören:
- Münzen (insbesondere 5-Yen-Münzen, da ihr japanischer Name („goen") gleichbedeutend mit Glück ist)
- Windrädchen (die üblicherweise als Spielzeug für die Seelen der Kinder zurückgelassen werden)
- Getränke in Dosen, Snacks und andere Erfrischungen
- Gegenstände, die für den kürzlich Verstorbenen von persönlicher Bedeutung waren (wir haben alles gesehen, von Spielzeug und Kleidungsstücken bis hin zu Gläsern mit Pachinko-Kugeln, also lass ruhig alles da).

Willkommen in der Hölle

In Japan bezieht sich das Wort Jigoku, wörtlich „Hölle", im Allgemeinen auf die Unterwelt als Ganzes und nicht auf einen Ort der Bestrafung an sich. Neben der „Hölle" auf dem Berg der Angst gibt es auch noch andere Höllen. Diese Orte verdanken ihren Namen eher ihrer schwefelhaltigen, vulkanischen Landschaft als irgendeiner Assoziation aus dem Übernatürlichen. Dazu gehören Unzen-Jigoku im Unzen-Amakusa-Park in Kyushu und Jigokudani („Höllental") in Nagano, dessen natürliche heiße Quellen nicht von den Seelen der Toten, sondern von Schneeaffen bevölkert werden.

Von oben: Vulkanlandschaft des Ozore-zan, ein Windrad dreht sich im Nebel, Blumen am linken Ufer des Usoriko-Sees.

Verfluchte Orte: 29

DER FÜHRENDE JIZO

Japanischer Name: 導き地蔵
Ort: Kesennuma Oshima
Terrain: Insel
Grösse: ca. 9 km²
Anreise: Mit der Kesennuma Fähre
Datum des Ereignisses: 1770?
Grund des Fluchs: Naturkatastrophe
Schauplatz des Spuks:
Heiliger Boden
Merkmale/Phänomene:
Doppelgänger (Zeichen des Todes)
Gefahrenstufe:
Niedrig (für Beobachter),
hoch (für Betroffene)

Hintergrund

Diese gruselige Geschichte stammt aus der lokalen Folklore von Kesennuma, einer Stadt, die vom Tsunami 2011 am stärksten betroffen war. Die Hintergründe des Ereignisses sind nicht eindeutig, es scheint aber im Jahre 1770 gewesen zu sein.

Die Insel Kesennuma Oshima ist mit der Fähre 25 Minuten vom Festland entfernt. Nach dem Tsunami war sie wochenlang fast vollständig vom Festland abgeschnitten, mit Ausnahme regelmäßiger Besuche durch amerikanische Marineschiffe.

Aber diese Geschichte spielt im 18. Jahrhundert. Selbst damals muss es ein sehr isolierter Ort gewesen sein. Dennoch war es ein fruchtbarer Boden, auf dem sich dieses kleine Dorf ausgebreitet hatte.

Die Geschichte

In einem Wald auf Kesennuma Oshima befand sich einst eine Statue namens Michibiki Jizo – des führenden Jizo*.

Eigentlich nichts Besonderes. Praktisch ganz Japan ist mit Statuen der buddhistischen Gottheit übersät. Die etwa kniehohen Statuen stehen oft am Rande von Wegen und Straßen. Jizo sind Bildnisse des Schutzpatrons von Reisenden und von Kindern, die vor ihren Eltern sterben. (Nach buddhistischer Tradition kann die Seele eines Kindes, das vor seinen Eltern stirbt, den Fluss Sanzu nicht ins Jenseits überqueren und verbringt ihr Dasein stattdessen mit dem Bau von Steintürmen an seinen Ufern, die von den Bewohnern der Hölle immer wieder umgestoßen werden. Jizo kümmert sich um diese Seelen, indem er ihnen in seinen Gewändern Zuflucht gewährt. Als Dank für seine Bemühungen legen Passanten Steine vor den Jizo-Statuen ab, um die Last der Kinder symbolisch zu lindern).

Der Jizo von Kesennuma Oshima war anders. Einer lokalen Legende zufolge erscheint der Jizo der Seele eines Menschen, der kurz vor seinem Tod steht, ohne dass dieser es mitbekommt. (Ähnlich der Doppelgängerlegenden, in denen Doppelgänger von Unglücksopfern an weit entfernten Orten kurz vor oder nach dem Tod des Opfers auftauchen).

Eines Abends kehrten die Frau und der kleine Sohn eines Fischers von einem langen Tag harter Arbeit nach Hause. Als ihr Weg sie in die Nähe des Jizo führte, spürte die Mutter eine Präsenz in der Nähe. Vorsichtig spähte sie um einen Baum herum und entdeckte die Statue – und eine ganze Reihe von

---

*Ein Jizo ist ein japanischer Bodhisattva/Gottheit, ein Bodhisattva ist quasi erleuchtet, beschließt aber, auf der Erde zu bleiben und nicht ins Nirvana zu gehen, bis er allen Lebewesen geholfen hat (= auch die Erleuchtung zu erreichen).

Jizo-Statuen sind in ganz Japan zu sehen. Hüte und Lätzchen sind übliche Gegenstände, die als Opfergaben hinterlassen werden, um die kleinen Seelen im Jenseits zu kleiden.

Dasein fristeten, ohne zu ahnen, welches Schicksal sie ereilen würde. Wenn die Mutter es nur geahnt hätte, wenn die Menschen es nur gewusst hätten …! Aber es war zu spät.

Tohoku und Tsunami

Angesichts der Tatsache, dass Kesennuma im Jahr 2011 aus demselben Grund Schlagzeilen machte, besteht kein Zweifel daran, dass die Story zumindest teilweise auf einer wahren Geschichte beruht.

Geistern, die sich vor ihr materialisierten. Einer wäre Schock genug gewesen. Aber das hier war eine wahre Parade von ätherischen Männern, Frauen und Kindern. Und noch seltsamer war, dass die meisten von ihnen in der Blüte ihres Lebens waren.

Als der Vater die Geschichte später am Abend hörte, tat er sie als Hirngespinst ab. Doch schon am nächsten Tag, als die Familie bei Ebbe an der Küste Seetang sammelte, geschah etwas Seltsames. Die Flut zog sich zurück und kam nicht wieder. Schon bald erschien ein unheilvoller Schatten am Horizont. Erschrocken eilten Mutter, Vater und Sohn auf höheres Terrain.

Minuten später überrollte ein Tsunami die Küste und löschte das gesamte Fischerdorf aus, während die drei von einem Hügel aus hilflos zusahen. Sie waren die einzigen Überlebenden.

In diesem Moment dämmerte es ihnen. Die Gespenster, die die Mutter und der Junge gesehen hatten, waren die Dorfbewohner, die dem Jizo die letzte Ehre erwiesen, während ihre Körper ihr

Ausländische Medien beeilten sich, das Ausmaß der Tsunami-Katastrophe des Jahres 2011 als „noch nie dagewesen" zu bezeichnen, was in Bezug auf die Kernschmelzen zutrifft. Doch wenn es um Erdbeben und Tsunami geht, ist dieser Begriff leider alles andere als zutreffend. Ähnliche Katastrophen ereigneten sich 1933, 1896, 1611, 869 und zweifellos auch viele andere Male, die in der Geschichte nicht verzeichnet sind.

Tatsächlich warnen steinerne Markierungen an der japanischen Küste vor Tsunamis aus alten Zeiten, eine wortwörtliche Botschaft an künftige Generationen von Vorfahren, die längst von dieser sterblichen Hülle Abschied genommen haben.

Einige sind Jahrhunderte alt. Eines der neueren, in der nahe gelegenen Stadt Aneyoshi, wurde 1933 errichtet. Darauf ist zu lesen: „Hohe Wohnstätten bedeuten Frieden für eure Nachkommen. Erinnert euch an die Katastrophe des großen Tsunamis. Baut keine Häuser unterhalb von hier."

> Es gibt noch weitere führende Jizo, um die sich allerdings andere Legenden ranken.
> Einer befindet sich in der Nähe des Gokuraku-ji-Tempels in Kamakura, nur eine Stunde mit dem Zug von Tokio entfernt. Eltern beten zu diesem besonderen Jizo, um das gesunde Wachstum und die Entwicklung ihrer Kinder zu fördern.

In allen Fällen brach das Wasser des Tsunami 2011, bevor es diese Markierungen erreichte. Aneyoshi war einer der wenigen Orte, an denen die Bewohner die Warnungen der Markierungssteine tatsächlich befolgten. In vielen anderen Orten wurden die Steine als alte Geschichte behandelt oder gerieten in Vergessenheit.

Wie du überlebst

Obwohl viele Einheimische nach dem Tsunami in höhere Gebiete umgesiedelt sind, ließen sich neue Bewohner langsam wieder in tiefer gelegenen Gebieten nieder, was zu tragischen Wiederholungen der Geschichte führte.

Der wahre Schrecken eines Tsunamis ist die Unbeständigkeit des menschlichen Gedächtnisses. Sehr große Tsunamis, die nur ein- oder zweimal pro Jahrhundert auftreten, erreichen die Grenzen, an denen wir uns eher an persönlichen Erfahrungen als an der Geschichte orientieren können. Die Opfer früherer Tragödien versuchen mit Hilfe von Gedenksteinen und Volkserzählungen, die nachfolgenden Generationen zu warnen.

Fazit: Im Zeitalter von Wissenschaft und Technik ist es verlockend, Mythen und Legenden als Aberglauben abzutun. Manchmal sind sie jedoch mehr als nur Geschichten. Hör zu.

Yokai Connection

Trotz ihres Namens werden Funayurei (siehe „Yokai-Survival-Guide") eher als Yokai statt als Yurei behandelt, da sie eher für das Konzept des Ertrinkens auf See als für ein einzelnes Individuum stehen. Sie haben die Angewohnheit, vor allem bei Dämmerung unvorsichtige Fischer anzugreifen.

Leider könnte der Glaube an diese Kreaturen die Ursache für den Tod vieler Opfer des Tsunamis von 1896 gewesen sein, der ungefähr das gleiche Gebiet wie der Tsunami von 2011 traf. Der folgende Text stammt aus einem Bericht, der viele Jahre später erstellt wurde.

„In einem Dorf (in der Präfektur Iwate) … fuhren 40 Fischer in mehreren Booten am Abend des Tsunamis hinaus." Als sie zurückkehrten, ohne zu wissen, was passiert war, während sie auf See waren, hörten die „Fischer Stimmen, die in der Dunkelheit um Hilfe riefen, als sie zurückkehrten. Mythen betrachteten die Stimmen im Wasser als die von Geistern. Wenn man auf die Rufe dieser Geister antwortete, zogen sie den Antwortenden ins Wasser. Diese Situation führte dazu, dass sich die Rettungsaktionen verzögerten."

Verfluchte Orte: 30
DIE MATSUE-OHASHI-BRÜCKE

Japanischer Name: 松江大橋
Ort: Matsue (West-Honshu)
Brückentyp: Ursprünglich Stein, später Beton und Stahl
Gebaut: Ca. 1608
Länge: Ca. 130 m
Datum des Spuks: Ca. 1608
Grund des Fluchs: Menschenopfer
Name des Opfers: Gensuke
Schauplatz des Spuks: Yurei-Spot
Merkmale/Phänomene: Visuelle Erscheinungen
Gefahrenstufe: Niedrig

Hintergrund

Die Matsue-Ohashi-Brücke ist seit mehr als 400 Jahren ein gefürchteter Spukort. Die Geschichte handelt von einem berüchtigten Phänomen aus alten Zeiten, das Hitobashira genannt wird – wörtlich „menschliche Säule", aber umgangssprachlich „Fundamentopfer".

Hitobashira sind ein oder mehrere Menschen, die absichtlich in das Fundament eines Bauwerks eingegraben werden, um aus Aberglauben dessen Sicherheit und Haltbarkeit zu gewährleisten. Gerüchte über diese Opfer ranken sich um alle möglichen mittelalterlichen Bauprojekte, einschließlich Dämmen, Kanälen und Tunneln (siehe S. 112). Besonders häufig werden sie jedoch mit Burgen und Brücken in Verbindung gebracht. Die Matsue-Ohashi-Brücke ist die berühmteste der letzteren.

Die Geschichte

Matsue ist eine der geschichtsträchtigsten Städte Japans – im wahrsten Sinne des Wortes. Der Volkskundler Lafcadio Hearn hörte die meisten Geistergeschichten in und um Matsue.

Matsue ist ein abgelegener Ort, eine „Burgstadt", die durch den Fluss Ohashigawa in eine Süd- und eine Nordhälfte geteilt wird. Im frühen 17. Jahrhundert gab der Daimyo, der über Matsue herrschte, den Bau einer Reihe neuer Brücken über das Wasser in Auftrag, um die Fertigstellung seines Hauses und seiner Festung zu beschleunigen.

Immer wieder wurden im Ohashigawa Grundsteine gelegt. Aber das Gebiet ist ein Mündungsgebiet, ein Kanal für das Wasser, das zwischen dem Shinji-See und dem Meer fließt. Die Strömungen wirbelten bei jeder Ebbe und Flut heftig herum. Brückenfundamente – und mehr als einmal auch halbfertige Brücken – wurden nacheinander weggeschwemmt, als würden die Flussgötter die Kühnheit des Menschen verhöhnen, so etwas zu versuchen.

So wird es nicht klappen. Und so schmiedeten die Mächtigen einen Plan. Sie würden das Murren der Flussgötter mit einem Opfer besänftigen. Einem Menschenopfer.

Aber wen sollten sie auswählen? Sie beschlossen, das Opfer – sorry, die ehrenvolle Opfergabe – zufällig auszuwählen. Wirklich willkürlich: Sie beschlossen, den nächsten Mann zu erwischen, der zufällig ohne Falten in seinem Hakama (einem traditionellen Kleidungsstück) an der Baustelle vorbeikam. Dieser unglückliche Mann war Gensuke.

Die Arbeiter packten ihn, banden ihn an einen Grundstein und versenkten den Mann genau an der Stelle, an der das Wasser am stärksten aufgewühlt war. Das war das letzte, was man vom armen Gensuke lebend sah.

Das Hitobashira hat offenbar gewirkt. Die Gezeiten schwemmten die Fundamentsteine nicht mehr weg, und die Brücke wurde schnell und problemlos errichtet. Die Einwohner von Matsue feierten „Gensukes Pfeiler" für seinen stabilisierenden Einfluss auf das Projekt. Obwohl die Brücke im Laufe der Jahrhunderte mehrmals umgebaut wurde, steht sie noch heute an derselben Stelle.

Der Angriff

Zitieren wir Hearn aus seinem Klassiker „Glimpses of Unfamiliar Japan" von 1894:

> „In mondlosen Nächten ... huscht ein geisterhaftes Feuer um [Gensukes] Säule herum – immer in der Stunde der Totenwache zwischen zwei und drei; und die Farbe des Lichts war rot, obwohl ich mir sicher bin, dass in Japan die Feuer der Toten meistens blau sind."

Neben der sichtbaren Erscheinung gibt es mindestens ein Todesopfer, das mit der Brücke in Verbindung gebracht wird (außer dem von Gensuke natürlich). Als die Matsue Ohashi 1936 überholt und in ihrer heutigen Form wiederaufgebaut wurde, starb ein Arbeiter namens Kiyoshi Fukada, als ein schwerer Metalleimer von der Brücke rutschte und auf seinen Kopf fiel. Berichten zufolge lag die Ursache für seinen Tod am Fuß von Gensukes Pfeiler, an dem der Mann zum Zeitpunkt des Unfalls gearbeitet hatte. Gensukes Fluch? Ein unglücklicher Zufall? Entscheide selbst.

Wie du überlebst

Solange du nicht vorhast, dich an der Säule selbst zu schaffen zu machen, brauchst du dir keine Sorgen zu machen – Gensukes Säule ist vor allem für ihr nächtliches Leuchten bekannt. Du kannst dich auch mit der Tatsache trösten, dass Hitobashira, so barbarisch wir diesen Brauch heute auch finden mögen, eingeführt wurden, um gefährliche Orte für die Lebenden sicherer zu machen. Aus diesem Grund solltest du dich eher für sein (buchstäbliches) Opfer bedanken, als auf dem Absatz kehrt zu machen und davonzulaufen.

Genau das tut die Stadt Matsue jedes Jahr. Das Gensuke-Matsuri-Festival, das Ende Oktober stattfindet, beginnt im Gensuke-Park am Fuß der Brücke. Nach einem buddhistischen *kuyo* (Reinigungsritual), mit dem die Seelen derer besänftigt werden sollen, die ihr Leben für den Bau der Brücke gegeben haben, gehen die Feierlichkeiten in fröhlichere Workshops, Vorträge und Aufführungen über.

Yokai Connection

Gensuke ist nicht der einzige Geist, der auf einer Brücke in Japan spukt. Der *Hashi Hime* (siehe „Yokai-Survival-Guide") ist ein Yokai, der aktiv auf Reisende Jagd macht. Er nimmt die Gestalt eines schönen Mannes oder einer schönen Frau an, die einen Passanten verzaubert und dann ihre wahre Gestalt offenbart, um ihn zu Tode zu erschrecken. Während Gensukes Yurei die Brücke heimsucht, unter der er begraben ist, scheint Hashi Hime frei über Brücken in ganz Japan zu streifen.

KAPITEL 5: Gefährliche Spielchen

HYAKU MONOGATARI 136
USHI NO KUKU MAIRI 140
KOKKURI-SAN 144
HANGONKO 148
SHINREI SHASHIN 152
GEBÄUDE MIT GESCHICHTEN 156

Eine Übersicht über alle möglichen Tricks und Methoden zur Kontaktaufnahme mit der „Geisterebene" – nach japanischer Art.

Gefährliche Spielchen: 31
HYAKU MONOGATARI

Japanischer Name: 物語
Alias: 100 Geschichten
Art des Spiels: Gesellschaftsspiel
Ursprung: Unbekannt
Stärkste Popularität:
Frühes 19. Jahrhundert
Was du brauchst:
100 beleuchtete Papierlaternen oder Kerzen (langsam brennender Typ), 100 Gruselgeschichten, einen Platz mit zwei oder drei verschiedenen Räumen, blaue Gewänder für die Teilnehmer, einen niedrigen Tisch, einen Spiegel, viel Zeit
Merkmale/Phänomene: Verschiedene schreckliche Erscheinungen (Yurei und Yokai)
Gefahrenstufe: Das hängt davon ab, wen man aufscheucht!

Die Geschichtensammlung „Otogiboko" von 1666 beschreibt eine Spielsitzung. Fünf Männer spielten das Spiel zu Ende. Plötzlich begannen sich vor ihrem Fenster unzählige kleine Lichter zu manifestieren. Die seltsamen phosphorzierenden Partikel drangen in den Raum ein und begannen, sich in einer Ecke zu sammeln und eine Kugel zu bilden, deren Oberfläche glatt wie die eines Spiegels war. Als die Kugel vollendet war, zerbrach sie mit einem so schrecklichen Geräusch, dass die Männer bewusstlos wurden. Später wurden sie von Familienmitgliedern gefunden, aber es gab keine Anzeichen mehr von Lichtern oder Fragmenten. Das Erlebnis bleibt ungeklärt.

Hintergrund

Hyaku Monogatari, das traditionell in den Sommermonaten gespielt wird (wenn Geister in Japan am aktivsten sind) ist ein Gesellschaftsspiel aus einer vergangenen Zeit. Dabei werden 100 Gruselgeschichten im Laufe eines langen Abends erzählt, wobei nach jeder Geschichte eine Kerze gelöscht wird. Der angebliche Grund dafür ist, dass, sobald die hundertste Geschichte erzählt wurde, ein vage definiertes mysteriöses Ereignis eintritt.

Wie viele Teilnehmer tatsächlich glaubten, dass ein Geist erscheinen würde, sobald die letzte Geschichte erzählt war, werden wir nie erfahren. Aber zweifellos machten nicht wenige aus einem ganz und gar bodenständigen Grund mit: Lange vor dem Aufkommen von Klimaanlagen war das Zuhören von Gruselgeschichten eine schnelle und einfache Möglichkeit, sich in der Sommerflaute abzukühlen und einen Schauer zu bekommen!

Niemand ist sich ganz sicher, woher das Spiel stammt. Dem Namen nach zu urteilen, könnte es von den Erzählungen über „Hyakki Yagyo" („Die nächtliche Parade der hundert Dämonen") inspiriert worden sein, einer angeblich wahren Geschichte über eine Invasion Kyotos durch übernatürliche Kräfte. (Mehr über diese schreckliche Geschichte gibt's im „Yokai-Survival-Guide")

Obwohl Aufzeichnungen über Hyaku Monogatari-Sitzungen mindestens bis in die Mitte des 16. Jahrhunderts zurückreichen, wurde es zweifellos schon viel früher gespielt. Ursprüng-

lich war es wohl ein Zeitvertreib für Aristokraten, verbreitete sich aber bald wie ein Lauffeuer in der gesamten Gesellschaft. Die Popularität fiel mit der aufkommenden Massenkultur zusammen und passte perfekt zu dem weltweiten Phänomen des Spiritualismus Mitte bis Ende des 19. Jahrhunderts. Zweieinhalb Jahrhunderte lang war Hyaku Monogatari ein beliebter Sommerzeitvertreib, und das Konzept inspirierte eine Menge Literatur und Kunst, darunter auch gruselige Serien von einigen japanischen Meistern (wie Katsushika Hokusai, siehe unten). Aufgrund der langen Stunden und der erforderlichen Vorbereitungen finden in unserer schnelllebigen Zeit nur noch wenige Sitzungen statt, aber auch heute ist der Begriff ein Synonym für Gruselgeschichten.

Anleitung

In „Otogiboko", aus dem 17. Jahrhundert, wird die traditionelle Spielweise wie folgt beschrieben:

1) Versammelt eine Gruppe von mindestens 3, besser mehr Personen (du wirst hier eine Menge Geschichten erzählen).

2) Wartet auf eine Vollmondnacht.

3) Trefft euch in der Wohnung eines der Teilnehmer.

4) Bereitet einen Raum vor, der aus mindestens zwei Zimmern besteht, wobei drei besser sind, und eine L-Form noch besser ist.

5) Verdunkelt die Räume. In dem Raum, der am weitesten von dem Raum entfernt ist, in dem sich die Gruppe versammelt hat, werden 100 Papierlaternen aufgestellt. Für die Laternen sollte vorzugsweise blaues Seidenpapier verwendet werden und nicht das übliche weiße. In die Mitte kommt der Tisch und auf den Tisch der Spiegel.

> Da das Sammeln von 100 Papierlaternen schon eine ziemliche Aufgabe ist, sind auch Kerzen erlaubt.

6) Auch die Teilnehmer sollten blaue Kleidung tragen und ihre Schwerter an der Tür lassen (denkt daran, das ist aus dem 17. Jahrhundert. Heutige Teilnehmer sollten sich daran halten, Waffen an der Tür zu lassen). Entfernt alle potenziell gefährlichen Gegenstände aus dem Raum.

> Dies ist die älteste bekannte Version des Spiels, spätere Generationen haben die Anforderung an blaue Kleidung fallen gelassen.

7) Wähle deine Geschichten im Voraus aus. Traditionell werden bei den Hyaku-Monogatari-Sitzungen keine Geistergeschichten erzählt, sondern Geschichten über seltsame oder merkwürdige Ereignisse. Aber eigentlich ist jede Art von gruseliger Geschichte geeignet, die den Zuhörern Angst einjagt.

Wähle Geschichten mit einer angemessenen Länge. Jeder Teilnehmer hat im Durchschnitt nur fünf Minuten Zeit, um eine Geschichte zu erzählen. Überleg mal: fünf Minuten mal 100 ergibt mehr als acht Stunden. Diese Art der Unterhaltung stammt aus einer langsameren Ära und erfordert hohe Konzentration und Ausdauer.

8) Nachdem eine Geschichte erzählt wurde, steht der Erzähler auf und geht in den Raum mit den Laternen.

Nachdem er eine Laterne gelöscht hat, muss er sich im Spiegel betrachten und in den Raum zurückkehren, in dem die Geschichte erzählt wird. (Die Gruppe kann sich in dieser Zeit miteinander unterhalten.)

Der Angriff

Der Raum wird mit dem Ausblasen der Kerzen immer dunkler und düsterer. Sobald die hundertste Kerze erloschen ist und die Räume in völlige Dunkelheit getaucht sind, soll etwas passieren.

Der Haken an der Sache: Das „Etwas" ist nicht klar definiert. Nahezu jedes seltsame Phänomen ist möglich. Vielleicht wird jemand von einem Geist heimgesucht, oder ein Yokai oder Yurei erscheint im Raum. Die Details variieren von Bericht zu Bericht, aber eine Darstellung einer Sitzung aus dem späten 18. Jahrhundert, die vom legendären Holzschnittkünstler Katsushika Hokusai illustriert wurde, zeigt, wie die Teilnehmer voller Angst aus einem Haus rennen, das buchstäblich von seltsamen Kreaturen überfüllt ist. Dies ist zweifellos eine Übertreibung, aber Vorsicht. Einige Quellen behaupten, dass nach einem erfolgreichen Hyaku Monogatari seltsame Phänomene andauern können.

Hyaku Monogatari müssen nicht laut gesprochen werden, das Lesen von 100 Gruselgeschichten unter den richtigen Bedingungen kann die gleiche Wirkung haben. Ähm warte, wie viele Geschichten sind in diesem Buch?!

Wie du überlebst

Ganz einfach: Erzähle weniger als 100! In der Mitte des 19. Jahrhunderts hörten die Teilnehmer üblicherweise bei 99 Geschichten auf und verbrachten die verbleibenden Nachtstunden mit Plaudern und Warten auf den Sonnenaufgang. Dies war zum großen Teil ein Versuch, das Spiel für diejenigen attraktiver zu machen, die zwar Gruselgeschichten mochten, aber keine Lust hatten, sich mit echten Gespenstern auseinanderzusetzen.

Hokusais Porträt einer Hyaku Monogatari-Sitzung, die furchtbar schief gelaufen ist ... oder gut? (Farbholzschnitt, 1780.)

Gefährliche Spielchen: 32
USHI NO KUKU MAIRI

Japanischer Name: 丑の刻参り
Alias: Wörtlich „Ein Schreinbesuch zur Stunde des Ochsen"
Art des Spiels: Fluch
Ursprung: Holzpuppen mit Nagelspuren wurden nachweislich auf die Zeit um 700 n. Chr. datiert.
Stärkste Popularität: Immer noch populär
Was du brauchst: Eine Strohpuppe, weiße Gewänder, sieben Gosunkugi (große Eisennägel), drei Kerzen, ein Gotoku (Eisenfeuer), weißes Gesichtspuder oder -farbe, einen Baum, einen Vollmond, Wut
Resultat: Dem Ziel passieren schreckliche Dinge
Gefahrenstufe: Wie wütend bist du?

Hintergrund

Kulturen und Religionen auf der ganzen Welt beschreiben Methoden, mit denen Personen Unglück oder Schaden zugefügt werden soll. Zu den bekanntesten in der westlichen Welt gehören die so genannten Voodoo-Puppen und „Pechvögel" aus der afroamerikanischen Volksreligion, die Flüche des „bösen Blicks" einiger afrikanischer, europäischer und mediterraner Kulturen und die „Verhexungen" der Pennsylvania Dutch.

Die Japaner haben das Ushi no kuku mairi. Der Begriff bedeutet wörtlich „ein Schreinbesuch zur Stunde des Ochsen", wobei letzteres ein archaisches Zeitmaß ist, das der Zeit zwischen 1 und 3 Uhr morgens entspricht. In Japan ist dieser Brauch gleichbedeutend mit einem Fluch und eignet sich perfekt für diejenigen, die den Zorn des Übernatürlichen auf eine Person lenken wollen, ohne sich die Mühe zu machen, selbst zu sterben und ein Yurei zu werden.

Das Ritual ist kompliziert. Die Ursprünge reichen weit über 1000 Jahre zurück. Die allererste Person, die es vollzog, war eine Frau, die auf ihren untreuen Ehemann wütend war und von einem Shinto-Priester angeleitet wurde, der die Einzelheiten in einem seltsamen Traum voraussah. (Übrigens war diese Frau bei ihrer Aufgabe so erfolgreich, dass sie sich in einen Yokai verwandelte. Sie ist als „Hashi-Hime", die Brückenprinzessin, bekannt, weil sie ihre Opfer gerne auf Brücken überfällt.)

So geht's
Erstens! Kreiere deine eigene Fluch-Puppe!

1) Teile Stroh in zwei Bündel, von denen eines etwas dünner ist als das andere.

2) Führe das dünnere Bündel durch das andere, um eine Kreuzform zu bilden.

3) Binde die Enden des dünneren Strohbündels mit einem Faden ab, um „Hände" zu formen.

4) Trenne das dickere Bündel in zwei Teile und binde jedes ab, um „Füße" zu bilden.

5) Du bist bereit!

Zweitens! Einen Fluch auf die altmodische Art vorbereiten

1) Wasche dein Haar sorgfältig, um alle Fette zu entfernen (es ist keine schlechte Idee, das öfter zu tun, auch wenn du niemanden verfluchst).

2) Ziehe einen ganz weißen Kimono an. Lass einen Spiegel wie eine Halskette an deiner Brust baumeln. Klemme einen Kamm zwischen deine Zähne. Trage einzähnige Geta-Sandalen.

3) Drehe das Gotoku-Feuer um, stelle Kerzen auf jeden seiner drei Füße und zünde sie an, und setze sie wie eine Krone auf deinen Kopf. (Wenn du kein Feuerzeug findest, kannst du dir auch ein Stück Stoff um den Kopf binden und auf jeder Seite eine Kerze hineinstecken. Vergiss nicht, sie anzuzünden. Und pass auf deine super sauberen Haare auf.)

4) Nimm den Holzhammer in eine Hand und die Fluchpuppe, die du oben vorbereitet hast, in die andere. Vergiss nicht, die Nägel mitzunehmen.

5) Lauf zum nächstgelegenen Schrein, der Flüche akzeptiert (z. B. der Kifune-Schrein in Kyoto).

6) Auf dem Schreingelände angekommen, ziehe die Geta aus und gehe barfuß.

7) Warte auf die Stunde des Ochsen (von 1 Uhr bis 3 Uhr nachts). (Tipp! Wenn du keine Lust hast, am hellichten Tag mit einer Fluchpuppe und einem Hammer herumzulaufen, warte bis kurz vor der Stunde des Ochsen, um dich auf den Weg zu machen.)

8) In der Stunde des Ochsen schlägst du die Puppe mit einem der Eisennägel an einen Baum. Achte darauf, dass niemand sieht, was du tust. Während du den Nagel in die Puppe schlägst, kannst du die Person laut verfluchen (Beispielflüche: „Du Idiot!" „Du untreuer Betrüger!" „Du Wäsche-nicht-Wegräumer!").

9) Kehre jeden Abend zur gleichen Zeit für sechs weitere Tage (insgesamt sieben) in voller Montur zurück und schlage einen weiteren Nagel in die Puppe. Zögere nicht, während dieser Zeit die Flüche auszusprechen.

10) Voila! Der Fluch ist vollendet.

NICHT NACHMACHEN!

Tipps

Das Einschlagen von Nägeln in verschiedene Teile der Puppe hat Auswirkungen auf die entsprechenden Körperteile des Verfluchten. Nägel in das Bein verursachen zum Beispiel Probleme mit dem Bein, in die Brust Probleme mit dem Herzen, in den Schritt Probleme mit dem Schritt ... Vermeide es, einen Nagel in den Kopf der Puppe zu treiben, es sei denn du willst, dass die Person stirbt.

Eine weitere Faustregel: Vermeide es, Punkte an der Puppe zu treffen, die den Chakren des menschlichen Körpers entsprechen. Ein Schlag auf das Schulterchakra der Puppe könnte z. B. einen steifen Nacken des Opfers heilen.

Trivia

Der Jishu Jinja-Schrein in Kyoto, ist berühmt dafür, dass hier Liebesbanden geknüpft und wieder gelöst werden. Heute wird er hauptsächlich von Singles auf der Suche nach einem Lebenspartner aufgesucht. Aber in früheren Zeiten war ein bestimmter großer Baum hinter dem Hauptschrein einer der beliebtesten Fluch-Spots der Stadt.

Wahrscheinlich wirst du dort keine Puppen sehen, aber du kannst die Löcher sehen, die unzählige Fluchzeremonien im Laufe der Zeit im Baumstamm hinterlassen haben.

Rechner-Rache

Für diejenigen, die zu beschäftigt sind, um ihre eigenen Fluchpuppen zu bauen, bieten eine Reihe von Websites praktische vorbereitete Fluchpakete an, die alle grundlegenden Utensilien enthalten, die man für die Ausführung benötigt. Einige Websites bieten sogar an, den Fluch selbst auszuführen, komplett mit Video, damit du dich in aller Ruhe über den Vorgang freuen kannst. Die Preise beginnen bei etwa 10.000 ¥ (110 Euro) für ein Starter-Kit.

Achtung: Wenn du den Film an das gewünschte Opfer schickst, kannst du ernsthafte Probleme mit dem Gesetz bekommen. Während in der heutigen Zeit nur wenige glauben, dass eine Fluchpuppe tatsächlich körperlichen Schaden anrichten kann, sind die psychologischen Auswirkungen auf das Ziel eine ganz andere Sache. In bestimmten Fällen kann das Verfluchen einer Person als kriminelle Bedrohung angesehen werden, wie beim Beispiel unten.

Wie du überlebst

Werfen wir einen Blick auf einen Kriminalfall, bei dem es um einen Fluch geht.

AKITA PRÄFEKTUR, 1954.

Als die junge Yoshie Tanaka unter plötzlichen Brustschmerzen zusammenbrach, erstattete ihr Freund Tetsuya Yamamoto Anzeige bei der örtlichen Polizei. Er behauptete, sie sei das Opfer eines Fluchs und erklärte, dass seine frühere Freundin, eine Frau namens Kiyoko Hotta, ihren Frust an Tanaka auslasse, um sich bei Yamamoto dafür zu revanchieren, dass er Hotta einige Monate zuvor verlassen hatte. Die Polizei leitete eine Untersuchung ein. Sie entdeckten eine mit Nägeln besetzte Strohpuppe in ihrem Besitz und verhafteten Hotta wegen des Verdachts der Bedrohung. Nach ihrer Verhaftung verschwanden Tanakas körperliche Beschwerden und sie wurde wieder völlig gesund. Die Ärzte glauben, dass sie lediglich unter dem Glauben an den Fluch litt – mit anderen Worten, unter dem Placebo-Effekt. Die tatsächliche Wahrheit wird man aber wohl nie erfahren.

Gefährliche Spielchen: 33

KOKKURI-SAN

Japanischer Name: 狐狗狸さん
Alias: Japanisches Gläserrücken, japanisches Ouija
Art des Spiels: Gesellschaftsspiel
Ursprung: 1884
Stärkste Popularität: Meiji-Periode (spätes 18. Jahrhundert), Showa-Periode (1970er Jahre)
Was du brauchst: (Meiji-Version) 3 Bambussprossen oder Holzstäbe, ca. 40 cm, runder Topf-Deckel, weißer Stoff. (Showa-Version) Weißes Papier, 10-Yen-Münze
Merkmale/Phänomene: Kommunikation mit Geistern, Besessenheit
Gefahrenstufe: Kommt drauf an, wen du kontaktierst

Hintergrund

Eine Form der spirituellen Wahrsagerei, die in Japan im späten 19. Jahrhundert und in den 1970er Jahren große Popularität erlebte. In ihrer frühesten Form umfasste sie eine improvisierte Vorrichtung, die ähnlich wie beim Tischrücken funktionierte. Die spätere Form erinnerte eher an das westliche Ouija-Brett.

Bevor wir uns mit Kokkuri-san beschäftigen, müssen wir seine Wurzeln im Spiritualismus erörtern, einer okkult-religiösen Bewegung, die im späten 19. Jahrhundert die Welt eroberte und auch heute noch existiert, wenn auch in stark reduziertem Umfang.

Die Geschichte beginnt im März 1848, als eine Reihe seltsamer Vorkommnisse in der Stadt Hydesville, New York, die Vereinigten Staaten in Atem hält. Einem Schwesternpaar im Teenageralter, Maggie und Kate Fox, gelang es, ihre Familie, Freunde und einen Kreis von Fremden davon zu überzeugen, dass sie mit der Geisterwelt Kontakt aufnehmen konnten. Durch einfaches Fingerschnippen schienen die Mädchen in der Lage zu sein, einen unsichtbaren Geist dazu zu bringen, auf ihre Fragen zu antworten. Die Antwort folgte als eine Art Klopfen. Die Mädchen behaupteten, durch das Klopfen herausgefunden zu haben, dass in ihrem Haus der Geist eines Mannes lebte, der Jahre zuvor vom Vorbesitzer getötet worden war.

Es dauerte nicht lange, bis die älteste Schwester als die Managerin ihrer Schwestern fungierte und öffentliche Séancen arrangierte, die die Massenmedien begeisterten. Innerhalb weniger Jahre führte die Idee, dass fast jeder Kontakt mit den Toten aufnehmen konnte, zu einer neuen religiösen Bewegung namens Spiritualismus. Auf ihrem Höhepunkt im Jahr 1897 bekannten sich etwa acht Millionen Menschen zu den spiritistischen Überzeugungen, eine Séance wurde sogar im Weißen Haus abgehalten, an der kein Geringerer als Abraham Lincoln teilnahm.

Zu den wichtigsten Hilfsmitteln des Spiritualismus gehörte ein Spiel namens „Tischrücken". Dabei sitzt eine Gruppe von Menschen um einen Tisch, wobei die Finger an der oberen Kante ruhen. Der Leiter der Séance bittet die Geister verbal darum, Kontakt aufzunehmen. Als Reaktion darauf kann der Tisch vibrieren, sich drehen oder heben und senken. Traditionell übermittelten die „Geister" Antworten auf Fragen, indem sie den Tisch schüttel-

ten oder fallen ließen, während Buchstaben des Alphabets gerufen wurden. Der Brauch hat seinen Ursprung in den USA und verbreitete sich schließlich auch in anderen Ländern.

Das Tischrücken erreichte die japanischen Küsten im Jahr 1884. Der berühmte Forscher für paranormale Phänomene, Inoue Enryo, stellte die Theorie auf, dass das Spiel über den Hafen von Shimoda von einer Gruppe ausländischer Seeleute eingeführt wurde. Da die Einheimischen die Worte „Tischrücken" weder verstehen noch aussprechen konnten, nannten sie das Spiel „Kokkuri", vielleicht in Anlehnung an die Tonmalerei für eine nickende Bewegung.

Kokkuri-san (wie es liebevoll genannt wurde) verbreitete sich wie ein Lauffeuer in Japan. Schon bald gaben die Fans des Spiels dem Wort einen neuen Namen mit drei Schriftzeichen: ==Fuchs (ko = 狐)==, Hund (ku = 狗), und Marderhund (ri = 狸), Tiere, von denen man annimmt, dass sie eine Reihe von übernatürlichen Kräften besitzen.

⇐ *Füchse – Fox-Geschwister. Zufall?*

Innerhalb weniger Jahre entwickelte sich Kokkuri-san zu einem popkulturellen Phänomen. In der Kokkuri-Literatur wurde versucht, die „Wissenschaft" hinter dem Spiel mit Theorien wie der „menschlichen Elektrizität" zu erklären. In Fachgeschäften wurde die notwendige Ausrüstung verkauft. Es gab sogar Kokkuri-Schulen, die Anfängern das Spiel lehrten. Die Begeisterung erreichte in den späten 1880er Jahren ihren Höhepunkt, verschwand aber nie aus dem kollektiven Bewusstsein.

Fast ein Jahrhundert später sollte erneut eine Version von Kokkuri-san die Nation überschwemmen. In den 1970er Jahren erwachte weltweit das Interesse an übernatürlichen Dingen, und Japan bildete da keine Ausnahme. Horrorfilme wie „Der Exorzist", „Das Omen" und „The Shining" sorgten für ausverkaufte Kinosäle. Mangas und Zeitschriften mit paranormalen Themen füllten die Regale der Buchhandlungen. Hellseher wie Uri Geller zogen das Publikum bei Live- und Fernsehauftritten in ihren Bann. Vor diesem Hintergrund sollte es vielleicht nicht überraschen, dass Kokkuri wieder auftauchte und Legionen von Schulkindern (und zweifellos mehr als nur ein paar Erwachsene) in ganz Japan verzauberte. Es ist der Inbegriff einer Pyjamaparty, eine moderne Version von Gesellschaftsspielen wie dem Hyaku Monogatari (siehe S. 136).

So geht's

Es gibt zwei verschiedene Arten, Kokkuri-san zu spielen. Siehe die jeweils unten aufgeführten Materialien bei 1) und 2).

1) Die ursprüngliche Methode: Diese Version gilt als archaisch und wird nicht mehr häufig gespielt. Die drei Bambusstäbe sind in einem freistehenden Dreibein angeordnet. Der Deckel des Reistopfes wird auf ihnen balanciert und mit dem Tuch abgedeckt.

Die Teilnehmer knien vor dem Gerät auf dem Boden und legen die Finger einer Hand sanft auf den Rand des Deckels. Ein Anführer stellt Fragen an die Geister, sie werden mit einfachen Ja-oder-Nein-Fragen angesprochen, auf die sie mit Vibrationen, Klappern oder dem Anheben eines der Beine reagieren. Traditionell gingen die Fragen in die Richtung, ob einer der Teilnehmer oder seine Freunde Unglück erleiden könnten, ob sich das Wetter ändert („hebe ein Bein, wenn es morgen regnet") und ähnliches.

2) Moderne Methode: Du musst ein Kokkuri-san-Blatt vorbereiten. Dabei handelt es sich um ein Blatt Papier, auf dem oben ein Tori-Tor-Symbol abgebildet ist, flankiert von den japanischen Wörtern für „Ja" und „Nein" und darunter in Spalten die Buchstaben des japanischen Alphabets. Das Blatt wird auf einen Tisch gelegt, und eine 10-Yen-Münze auf dem Tor abgelegt. Die Teilnehmer berühren jeweils mit einem Finger leicht die Münze. Der Leiter beginnt das Spiel mit den Worten: „Kokkuri-san, Kokkuri-san, wenn du da bist, sag es!" Bei Erfolg bewegt sich die Münze auf „Ja". (Das System ist generell identisch mit dem eines Ouija-Bretts mit dem dazugehörigen Zeiger.)

> Es gibt das völlig unbegründete Gerücht, dass der Kriegsherr Oda Nobunaga eine Version von Kokkuri-san gespielt hat, aber da er 1581 starb, ist es wirklich nur ein Gerücht.

Der Angriff
Die angebliche Gefahr besteht darin, dass die Geister meistens nicht gewillt sind, einfach mit dem Spiel aufzuhören und die Teilnehmer entweder zwingen weiterzuspielen oder (im schlimmsten Fall) ihren Körper und ihre Seele übernehmen.

Wie du überlebst
Die allgemeinen Regeln zur Vermeidung von Problemen mit Kokkuri-san lauten wie folgt:
1) Brich niemals eine Sitzung mittendrin ab.

2) Die Teilnehmer müssen immer in Kontakt mit der Münze bleiben, egal wie schnell sie sich bewegt.

3) Das Kokkuri-Blatt muss am Ende der Sitzung zerrissen und weggeworfen werden.

4) Die 10-Yen-Münze muss innerhalb eines Tages ausgegeben werden.

5) Die Sitzungen müssen mit Respekt beendet werden: „Danke, dass du da warst. Bitte kehre nun zurück." Wenn die Münze nicht zum Tor zurückkehrt, wiederhole die Bitte, bis sie es tut. Siehe Regel Nr. 1.

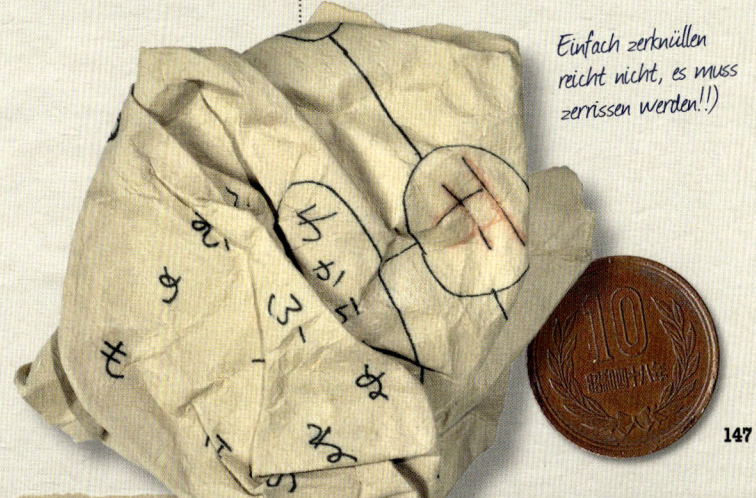

> Einfach zerknüllen reicht nicht, es muss zerrissen werden!!)

Gefährliche Spielchen: 34
HANGONKO

Japanischer Name: 返魂香
Alias: Seelenbeschwörender Weihrauch, Hangon Räucherwerk, Fan Hung Hsiang (chinesisch), Zauber-Weihrauch (Lafcadio Hearns Interpretation)
Nutzen: Beschwört die Toten
Ursprung: 16. Jahrhundert
Stärkste Popularität: Unbekannt, aber eigentlich absolut zeitloses Interesse
Was du brauchst: Hangon-Weihrauch, Weihrauchkessel, einen speziellen Verstorbenen, den du kontaktieren möchtest
Resultat: Fähigkeit, einen Verstorbenen zu sehen
Gefahrenstufe: Physisch niedrig, psychisch hoch

> Obwohl die Kraft, die Toten sichtbar zu machen, nur für eine Art von Weihrauch behauptet wurde, wird angenommen, dass das Verbrennen jeder Art von Weihrauch die sichtlosen Geister in großer Zahl herbeiruft.
>
> Lafcadio Hearn, in „Geisterhaftes Japan", 1899

Hintergrund

Hangonko ist eine legendäre Form des Weihrauchs, die angeblich aus West-China stammt und in der Lage ist, bei Verbrennung eine tote Seele für kurze Zeit in die Welt der Lebenden zurückzurufen.

Räucherwerk spielt bei religiösen Zeremonien in der ganzen Welt eine wichtige Rolle, vor allem im Buddhismus, wo es bei einer Vielzahl von Riten und Ritualen reichlich Verwendung findet. Doch in Japan diente Weihrauch schon immer eher der Unterhaltung als der Erleuchtung. Mehr als ein Jahrtausend lang sammelten die Reichen und Mächtigen seltene Sorten, sowohl als persönlichen Luxus als auch, um Besucher zu beeindrucken. Die Kenntnis des Räucherwerks – welche Sorten zu welchen Anlässen passten – war ein Markenzeichen für eine kultivierte Seele, ähnlich wie die westliche Besessenheit von der Kombination von Wein und Speisen. Im 14. Jahrhundert wurden Räucherpartys (Kokai) populär, Gesellschaftsspiele, bei denen Gruppen von Aristokraten Räuchergefäße herumreichten und versuchten, die darin brennenden Sorten richtig zu identifizieren und aufzulisten. Obwohl diese Spiele heute nicht mehr weit verbreitet sind, galten sie auf dem Höhepunkt ihrer Beliebtheit als ebenso prestigeträchtig wie die Teezeremonie und das Ikebana-Blumenarrangement, woraus sich eine Kunst namens Kodo (der Weg des Weihrauchs) entwickelte.

Räucherwerk gehört in Japan nach wie vor zum täglichen Leben. Es wird auf buddhistischen Hausaltären als Opfergabe für die Ahnen und die Götter verbrannt. In vielen buddhistischen Tempeln finden Besucher einen großen Kessel mit brennendem Weihrauch vor, dessen Rauch über den Körper geschöpft wird, um ihn zu reinigen, bevor man nach innen geht.

Aber wir schweifen ab. Es geht hier nicht um Weihrauch im Allgemeinen, sondern um eine ganz bestimmte Art, sehr selten und von unschätzbarem Wert. Obwohl das Konzept des Hangon-Weihrauchs aus der chinesischen Überlieferung zu stammen scheint, ist es in ganz Japan bekannt und wird in einer Reihe von traditionellen Unterhaltungsstücken wie Kabuki-Dramen

erwähnt oder als Handlungselement verwendet. Seine wörtliche Übersetzung lautet „Seelenbeschwörender Weihrauch".

Dem Hangon-Weihrauch wird eine Vielzahl von Eigenschaften zugeschrieben. Geringeren Qualitäten wird nachgesagt, dass sie todkranke Menschen wieder vollkommen gesund machen, die stärksten Sorten können sogar Tote wieder zum Leben erwecken, wenn nicht mehr als drei Tage vergangen sind. Aber diese beiden Details sind sekundäre Überlieferungen. Die meisten Quellen sprechen von der Fähigkeit, in den Konturen des Rauches Bilder von Toten heraufzubeschwören. Im heutigen Zeitalter der Handys vielleicht keine große Sache mehr, aber früher blieben die Bilder der Verstorbenen nur im Gedächtnis.

Die ursprüngliche Legende von Hangon-Weihrauch spielt in der alten chinesischen Hauptstadt Xi'an während der Han-Dynastie, die von Kaiser Wu (157–87 v. Chr.) regiert wurde. Die Lieblingsgemahlin des Kaisers stirbt. Tage, Wochen und Monate vergehen in unendlicher Trauer, seine Vasallen und Diener beginnen, sich ernsthaft um seine Gesundheit zu sorgen. In seiner Verzweiflung, seine Geliebte noch einmal zu sehen, verlangt der Kaiser schließlich den gesamten Vorrat des Königreichs an kostbarem Hangon-Räucherwerk, der nur drei Körner umfasst. Er zündet sie an und konzentriert sich dabei auf das Bild seiner Gemahlin. Und siehe da, die Umrisse ihrer schönen Gestalt beginnen sich im Rauch zu vereinen, zunächst verschwommen, dann fast blendend hell. Überwältigt von seinen Gefühlen, ruft er immer wieder nach ihr. Doch er erhält keine Antwort. In seiner Angst streckt er die Hand aus, um sie zu berühren – doch in dem Moment verschwindet sie. Der unbezahlbare Weihrauch ist weg und der Kaiser wird durch diesen erneuten Verlust noch tiefer in Trauer gestürzt. Das ist das zweischneidige Schwert von Hangon-Weihrauch.

So geht's

Es genügt, das Räucherwerk anzuzünden, bestimmte Worte auszusprechen und die Erinnerung an die verstorbene Person im Kopf zu behalten. Aber hier ist der Haken. Bevor du Hangon-Weihrauch benutzt, musst du Hangon-Weihrauch finden. Keine leichte Aufgabe.

Nach dem „Wakan Sansaizue" aus dem Jahr 1712, einer illustrierten Enzyklopädie der chinesischen Medizin und Überlieferung für japanische Leser, ist Hangonko „ein Phantom-Weihrauch, der aus dem geheimnisvollen Hangon-Baum gewonnen wird, dessen Blätter einem Eukalyptusbaum oder einer Eiche ähneln und dessen berauschendes Aroma etwa einhundert Ri (50 km) weit wehen soll". Seine Wurzeln werden zu einem Brei gekocht, der dann zu Pellets geformt und getrocknet wird.

Kaiser Wus Vorrat stammte angeblich als Tribut vom Stamm der Yuezhi, der in seinem Land jenseits der damaligen Westgrenze Chinas geerntet wurde. Die Tatsache, dass der mächtige Kaiser eines riesigen Landes nur drei winzige Stücke in seiner Schatzkammer hatte, sollte dir zeigen, wie schwer Hangonko zu finden ist.

Aber nehmen wir an, du findest ihn. Was ist mit diesen „bestimmten Worten"? Darüber schweigen die historischen Aufzeichnungen. Wenn es dir gelingt, den Weihrauch in die Hände zu bekommen, kannst du vielleicht dort nach Rat fragen.

Wie du überlebst

Die Verwendung von Hangon-Räucherwerk birgt keine physische Gefahr. Doch wie die Geschichte von Kaiser Wu zeigt, führt seine Verwendung oft nur zu tieferem Leid, denn das Bild der Toten ist genau das: ein Bild, keine Realität.

Trivia

Der Hangon-Baum hat einen Auftritt im Videospiel „Final Fantasy 11" – als der Baum des Lebens.

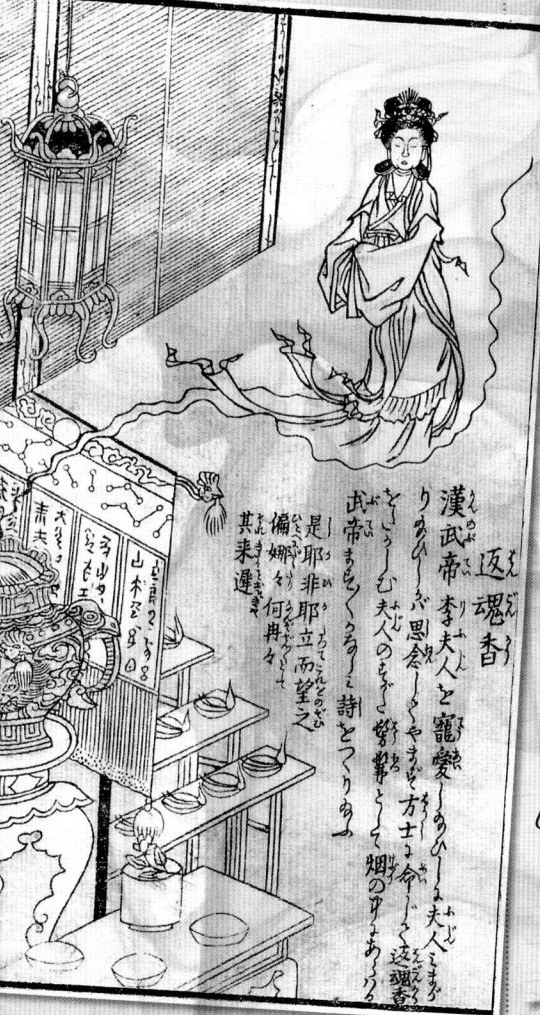

Toriyama Sekiens Darstellung des Hangonko in Aktion, 1776.

YOKAI CONNECTION:

Obwohl nicht direkt mit Hangonko verwandt, ist der als Enenra bekannte Yokai ein weiteres mysteriöses Phänomen, das mit Rauch, auch dem von Weihrauch, in Verbindung steht. Enenra sind Kreaturen, die sich aus Rauch manifestieren. Von diesen Erscheinungen geht keine besondere Gefahr aus, aber sie können gruselig sein.

Gefährliche Spielchen: 35
SHINREI SHASHIN

Japanischer Name: 霊 真
Alias: Geisterfotografie
Nutzen: Zum Erschrecken von Freunden, Content für TV-Shows, Social Media, etc.
Ursprung: 1861 in den USA, 1879 in Japan
Stärkste Popularität: Manches ist immer im Trend.
Was du brauchst: Ein Handy oder eine Kamera, wenn du altmodisch bist, eine Analog-Kamera, Fantasie
Gefahrenstufe: Physisch niedrig, psychisch wahrscheinlich hoch

Hintergrund

Die Geisterfotografie gibt es seit der Einführung der Fotografie Mitte des 19. Jahrhunderts. Das allererste Foto, das angeblich einen Geist zeigt, wurde 1861 von einem Bostoner Graveur namens William Mumler aufgenommen. Er war schockiert, als er auf einem Selbstporträt, das er in einem leeren Atelier aufgenommen hatte, eine Phantomperson entdeckte. Daraufhin begann er eine Karriere als Geisterfotograf. Das Konzept passte perfekt zum wachsenden Interesse der Nation am Spiritualismus.

So gespenstisch sie auch sein mögen, heute ist es offensichtlich, dass es sich bei Mumlers Fotos um Doppelbelichtungen handelt. Doch damals konnte er die Naivität der Öffentlichkeit in Bezug auf den fotografischen Prozess zu einem lukrativen (wenn auch makabren) Geschäft nutzen, indem er „Geisterfotos" von Bürgerkriegstoten an deren trauernde Familien lieferte. Eine Zeit lang war Mumler der unangefochtene Spitzenfotograf für Geisterbilder, zu dessen Kunden prominente Persönlichkeiten zählten. Doch gegen Ende des Jahrzehnts wurde er von seinen Kritikern eingeholt. Er wurde in einen Betrugsfall verwickelt, von dem er schließlich freigesprochen wurde. Sein Ruf erholte sich nie wieder und er starb 1884 mittellos.

Das allererste Geisterfoto Japans scheint 1878 aufgenommen worden zu sein. Leider gibt es heute keine Kopien mehr. Der berühmte Forscher Inoue „Dr. Yokai" Enryo, berichtete, dass es ein Opfer des Satsuma-Aufstandes zeigt (siehe S. 92).

Das erste berühmte Geisterfoto entstand im folgenden Jahr in einem Studio in Yokohama, aufgenommen von einem Fotografen namens Yaichi Mita. Anders als bei Mumler scheint sich bei Mita ein ehrlicher Unfall ereignet zu haben. Angeblich handelte es sich um ein Porträt des Hauptmönchs eines örtlichen buddhistischen Tempels, doch das entwickelte Bild zeigte etwas, das wie eine weibliche Erscheinung hinter der Person zu stehen schien. Als eine lokale Zeitung das Foto veröffentlichte, löste es in Japan eine Begeisterung für die Geisterfotografie aus.

Heute ist die Geisterfotografie – im Japanischen als Shinrei Shashin bekannt – so beliebt wie eh und je. Moderne Geisterfotos unterscheiden sich in entscheidender Weise von ihren Pendants aus dem 19. Jahrhundert. Das liegt vor allem an der Technologie: Da Digitalkameras und Handys den Filmmodellen den Rang abgelaufen haben, sind die Doppelbelichtungen, die bei Filmkameras zu „Geistern" führten, größtenteils ersetzt worden. Und dann ist da noch Photoshop, mit dem selbst Amateure Fotos auf eine

Art und Weise bearbeiten können, die noch vor einem Jahrzehnt undenkbar gewesen wäre, geschweige denn vor einem Jahrhundert oder noch früher.

Geisterfotos tauchen immer wieder in japanischen Fernsehsendungen auf, in denen ganze (und manchmal mehrstündige) Sondersendungen der Entschlüsselung der von den Zuschauern eingesandten Geisterbilder gewidmet sind, einschließlich der Interpretationen von „Hellsehern" über das Unheil, das die auf den Bildern festgehaltenen Personen ereilen wird. Trends ändern sich, aber die Geisterfotografie wird nie sterben. Kein Wortspiel beabsichtigt.

Ein Phantom vor einer Reihe Jizo-Statuen … vielleicht ein toter Priester?

NENSHA: GEDANKENFOTOGRAFIE

Bei Gedankenfotografie handelt es sich um die Fähigkeit, Bilder aus dem eigenen Kopf mit parapsychischen Mitteln auf Oberflächen, wie z. B. Fotofilme zu „brennen". Das Phänomen, das auf Japanisch Nensha genannt wird, erreichte seinen Höhepunkt in den 1970er Jahren und wird heute kaum noch praktiziert oder studiert. Im Film „Ringu" (und „The Ring") wurde Gedankenfotografie als Handlungselement verwendet.

Die wichtigsten Eigenschaften von Shinrei Shashin

1) Zusätzliche Gliedmaßen
Oft sieht man auf Gruppenfotos zusätzliche Hände, Beine oder Füße, die unmöglich zu jemandem auf dem Foto gehören können.

2) Geisterfiguren
Bilder einer Person, die zum Zeitpunkt der Aufnahme nicht anwesend war. Manchmal verschwommen, manchmal deutlich. Häufig auf Fotos von Unfallorten oder anderen Bereichen zu sehen, in denen Opfer umgekommen sind.

3) Fehlende Gliedmaßen
Fotografien von Lebewesen mit „gelöschten" Gliedmaßen, meist Arme oder Beine. Sie sollen Unglück voraussagen, das die betreffende Gliedmaße betrifft.

4) Seltsame Schlieren oder Verfärbungen
Abstrakte Formen, die je nach Farbe (Rot wird oft als schlimmer empfunden als Weiß) und den betroffenen Personen oder Körperteilen

unterschiedlich interpretiert werden können.

5) Kugeln
Das mit Abstand am häufigsten anzutreffende Phänomen. Kritiker behaupten, diese schwebenden Kugeln seien nichts weiter als Reflexionen von Staubmotten oder Wassertröpfchen in der Luft. Befürworter sind der festen Überzeugung, dass sie winzige Seelen darstellen oder einfach übernatürlich aktive Bereiche bezeichnen. (Übrigens: Diese Kugeln nicht mit Hitodama oder Onibi verwechseln!)

Sorry, Fotos von Geisterbildern zählen nicht als Shinrei Shashin.

HIROKOS GESCHICHTE

Shinrei Shashin waren sehr beliebt, als ich Anfang der 1980er Jahre in der Mittelschule war. Meine Schulbibliothek hatte sogar verschiedene Sammlungen von Geisterbildern! Das zeigt, was für ein großes Phänomen sie damals waren. Als ich in der 10. Klasse war, verkündete meine Lehrerin eines Tages vor der Klasse, dass sie bei einem Besuch des Familiengrabes am Wochenende ein „wunderbares Foto" gemacht habe. Sie war eine sanftmütige ältere Frau, die, soweit wir das beurteilen konnten, kein besonderes Interesse am Okkulten hatte. Sie beschrieb es uns und illustrierte es sogar an der Tafel. Sie zeichnete das Grab, ihre Familienmitglieder, die darum herum posierten, und die Blätter eines Baumes. Der Clou: Auf dem Foto zeigte jedes Blatt angeblich ein kleines, lächelndes menschliches Gesicht. Hunderte von Gesichtern, die über einem Grab schweben! Als sie fertig war, herrschte in der Klasse absolute Stille. Sie bot uns an, das Bild mitzubringen, damit wir es uns ansehen konnten. Aber wir waren alle zu erschrocken, um darauf einzugehen – sowohl wegen des Fotos als auch wegen ihrer seltsam fröhlichen Reaktion!

Gefährliche Spielchen: 36
GEBÄUDE MIT GESCHICHTEN

Japanischer Name: 訳あり 物件
Alias: Wake-ari bukken; Verfluchte Häuser;
Ursprung: Bestimmt in der Zeit, in der der Begriff „Immobilie" erfunden wurde
Stärkste Popularität: Solange Menschen in Häusern sterben, wird es Gebäude mit Geschichten geben
Arten: Eigentlich sieben Arten
Resultat: Wahrscheinlich einen Geist sehen, einen Schock bekommen, vielleicht ein richtig gutes Immobiliengeschäft machen
Gefahrenstufe: Hängt von dem Gebäude ab ... und deinem geistigen Zustand!

Hintergrund

Kennst du die alte Weisheit, dass das Wichtigste bei einer Immobilie die Lage ist? Das trifft auch in Japan zu, doch auf dem 2. Platz folgt die Geschichte. Die Japaner nennen die Sorgenkinder der Immobilienwelt Wake-ari Bukken, also „Immobilienangebote mit Gründen" dafür, dass sie billiger sind als sie eigentlich sein sollten. Dieser Begriff ist ein Sammelbegriff. Einige dieser Gründe sind offensichtlich, wie z. B. kleine oder seltsam geformte Grundstücke, Souterrainwohnungen, die sehr dunkel sind, oder eine Lage, deren einzige Aussicht die auf einen Friedhof ist.

Es gibt jedoch eine Untergruppe von Wake-ari Bukken, die sich auf Angebote mit Mängeln bezieht, die auch als „psychologisch schädlich" bezeichnet werden. Mit anderen Worten: Häuser, die das Potenzial haben zu verletzen. Vergiss Wände, die Ohren haben; das sind Wände, die schon ziemlich schreckliche Dinge gesehen haben.

Der Angriff

Nach dem Gesetz gilt ein Verkaufsangebot als „psychologisch schädlich" für die Bewohner, wenn es eines der folgenden Kriterien erfüllt. Einige davon sind allgemeiner Natur – niemand möchte in der Nähe einer Müllhalde oder eines kriminellen Brennpunkts leben. Andere sind weniger wichtig, wie die Nähe zu Brunnen (die, wie wir in Kapitel 1 gesehen haben, in Japan ziemlich beängstigend sein können):

- In der Nähe von kriminellen Organisationen gelegen (viele Yakuza-Syndikate operieren von deutlich gekennzeichneten Bürogebäuden aus)
- Erbaut von einer religiösen Sekte oder auf einem Grundstück, das einst einer solchen gehörte
- Auf einem offenen oder zugeschütteten Brunnen gebaut
- In der Nähe einer Abfallverwertungsanlage oder eines Krematoriums gelegen
- Rechtliche Verstrickungen (z. B. Fragen des Eigentums).
- ==Brände oder Überschwemmungen mit Todesfolge oder Verletzungen in der Vergangenheit==
- ==Ein Selbstmord, Mord oder „einsamer Tod" auf dem Gelände==

Vor allem die letzten beiden gelten als besonders schlimm und werden als Jiko Bukken eingestuft – Immobilienangebote, die durch den Tod befleckt wurden. Allerdings kann es sich dabei nicht um irgendeinen Tod handeln. Eine 90-jährige Frau, die im Kreise ihrer Familie eines natürlichen Todes stirbt, ist zwar traurig, aber

nicht unbedingt eine Tragödie; wenn so etwas zählen würde, hätte fast jedes Immobilienangebot in Japan eine „Geschichte".

Die Todesfälle, die potenzielle Käufer und Mieter am meisten beunruhigen, sind „schlimme" Todesfälle. Der Tod einer Familie bei einem Hausbrand. Der Selbstmord eines früheren Bewohners. Ein Mord, der sich auf dem Grundstück ereignet hat. Ein „einsamer" Tod, wie z. B. das Ableben eines Eingeschlossenen, dessen Leiche monatelang unberührt blieb … oder jahrelang.

Wie du überlebst

Es gibt zwei Möglichkeiten:

1) Vermeide „Gebäude mit Geschichten". Das ist einfach und schwierig zugleich. Wer eine Immobilie verkauft oder vermietet, ist gesetzlich verpflichtet, die Vorgeschichte eines Angebots offenzulegen, wenn sie eine der oben genannten Bedingungen erfüllt, auch wenn ein potenzieller Käufer oder Mieter nicht ausdrücklich danach fragt.

Es gibt jedoch mehrere Schlupflöcher. Eins davon ist, dass diese Informationen nur ein einziges Mal offengelegt werden müssen, und zwar gegenüber dem Käufer oder Mieter unmittelbar nach dem Vorfall. Sobald eine andere Person die Immobilie bewohnt und verlassen hat, sind sie nicht mehr verpflichtet, die Informationen offenzulegen. Sie sind jedoch nach wie vor verpflichtet, alle direkten Fragen zur Vorgeschichte einer Immobilie wahrheitsgemäß zu beantworten.

Ein weiteres Schlupfloch: Skrupellose Immobilienmakler versuchen oft, einen Todesfall auf dem Grundstück zu vertuschen, indem sie behaupten, die Person sei dort entdeckt worden, in Wirklichkeit aber im Krankenhaus gestorben, oder (im Fall von jemandem, der aus dem Fenster springt) tatsächlich auf dem Boden und nicht im Zimmer selbst. Aus diesem Grund gibt es inzwischen eine Reihe privater Websites, die Polizeiberichte mit Wohnungsangeboten abgleichen, so dass potenzielle Mieter und Käufer die Möglichkeit haben, die Angaben zu überprüfen (z. B. www. https://www.oshimaland.co.jp).

2) Es gibt auch eine ganz andere Herangehensweise: Man nimmt es gelassen. Aufgrund des Gesetzes, das eine Offenlegung gegenüber dem nächsten Mieter oder Käufer vorschreibt, gibt es tatsächlich einen florierenden Markt für Häuser und Wohnungen mit Vorgeschichte. Indem sie offen erklären, was passiert ist, und hohe Nachlässe (in einigen Fällen mehr als die Hälfte) auf die Miete anbieten, können Vermieter Kunden ansprechen, denen die Ersparnis wichtiger ist als der mögliche Verlust des Seelenfriedens.

Diese Orte sind fast schockierend offen, was die Geschichte ihrer Immobilien angeht. Eine Website verwendet z. B. bunte Symbole, um die verschiedenen Arten von Chaos zu kennzeichnen, die sich in den Mauern der aufgelisteten Häuser ereignet haben. Eine andere setzt sogar auf den Angstfaktor und fordert die Mieter auf, „ein Zimmer mit einem Geist zu teilen".

KAPITEL 6: Flüchtige Begegnungen

HOICHI DER OHRENLOSE 160
YUTEN SHONIN 164
ONO NO TAKAMURA 168

Nur eine Handvoll Menschen hatte eine Begegnung mit den Toten und überlebte, um davon zu berichten. Das sind ihre Geschichten.

Direkte Begegnungen: 37
HOICHI DER OHRENLOSE

Japanischer Name: 耳な 芳一
Geschlecht: Männlich
Alias: Mimi nashi Hoichi (japanische Aussprache)
Geburtstag/Todestag: Unbekannt. 14. oder 15. Jahrhundert?
Wohnort: Shimonoseki (südwestlichste Stadt auf der japanischen Hauptinsel Honshu)
Beschreibung: Glatzköpfig, von Geburt an blind, trägt oft eine Biwa-Laute
Kontaktaufnahme mit dem Geist: Aus Versehen
Existenz: Fiktiv

Hintergrund

Die schmerzhafte Begegnung dieses sanftmütigen und begabten Mönchs mit den zornigen Toten gehört zu den klassischen japanischen Geistergeschichten.

Um Hoichis Geschichte zu verstehen, muss man einen Schlüsselpunkt der japanischen Geschichte kennen: Die Rivalität zwischen dem Genji-Clan und dem Heike-Clan (auch bekannt als Taira). Im Jahr 1180 starteten die Genji einen Staatsstreich gegen die Heike, die durch ihren Kindkaiser die Nation kontrollierten. Der Bürgerkrieg endete fünf Jahre später in der brutalen Schlacht von Dan-no-Ura. In ihrer Verzweiflung über die unerbittlichen Streitkräfte der Genji starteten die Heike mit einer kleinen Bootsflotte einen letzten Versuch, die Führung auf dem Seeweg zurückzuerobern. Doch ein Hagel von Genji-Pfeilen traf die Heike-Flotte schwer. Um ihr Ende wissend, sprang der gesamte Heike-Clan, einschließlich des jungen Kaisers, lieber in den Tod der tosenden Strömung, als die Demütigung einer Kapitulation zu ertragen.

> Einer der Heike-Überlebenden war Ukai Kansaku, über den du in Kapitel 3 gelesen hast.

Die Geschichte

An einem späten Sommerabend vertrieb sich Hoichi die Zeit mit dem Spiel auf der japanischen Laute, der Biwa. Da er von Geburt an blind war, hatte er von Kindesbeinen an eine Ausbildung auf diesem Instrument erhalten. Jetzt, als junger Mann, war Hoichi ein erfahrener Musiker. Seine Fähigkeiten hatten ihm nicht nur lokales Ansehen, sondern auch Unterkunft und Verpflegung in dem buddhistischen Tempel eingebracht, in dem er derzeit lebte.

Der Abt war zu einer Trauerfeier gegangen und hatte Hoichi allein gelassen. Aber spät in der Nacht, als er ein weiteres klassisches Lied spielte, hörte Hoichi das Geräusch von sich nähernden Schritten. Selbst ohne Augenlicht wusste Hoichi sofort, dass es nicht die des Oberpriesters waren.

Eine Stimme ertönte. Der Mann stellte sich als Samurai vor. Sein Herr hatte von Hoichis Fähigkeiten gehört und bat den Lautenspieler, ihm die Geschichte von Dan-no-Ura vorzutragen, während er auf die Meerenge hinausblickte, wo sich die tragische Schlacht abgespielt hatte. Hoichi konnte die Bitte eines so bedeutenden

Mannes kaum ablehnen und ließ sich zu seiner Residenz führen.

Hoichi ließ sich auf der Bühne nieder und begann, für die versammelte Menge zu spielen. Er hörte das Rascheln von Seide und viele Stimmen, die in der gehobenen Sprache des kaiserlichen Hofes sprachen. Er befand sich unter Adeligen.

Seine Finger flogen über die Saiten der Laute und ahmten die Geräusche fliegender Pfeile und durch die Brandung schneidender Schiffe nach, die das epische Schlachtgedicht begleiteten. Auf dem Höhepunkt des Gedichts stießen die Anwesenden einen Schrei des Entsetzens über das bittere Leid des Heike-Clans aus. Sie baten Hoichi, für den Rest der Woche – sechs weitere Nächte – wiederzukommen.

Am nächsten Morgen fragte der besorgte Abt, wo Hoichi gewesen sei. Ungewöhnlich zurückhaltend, murmelte Hoichi etwas von einer privaten Verpflichtung. Der Abt machte sich Sorgen um den jungen Mann und bat zwei seiner Mönche, den Lautenspieler bei seinem nächsten Ausflug zu beschatten. Sie brauchten fünf Nächte, um ihn zu finden, und was sie sahen, ließ sie bis auf die Knochen erschaudern: Hoichi saß allein auf dem Friedhof des Heike-Clans und spielte, umgeben von unzähligen blauen Flammenbällen. Hitodama, ein unverkennbares Zeichen der Toten.

Die Mönche brachten den protestierenden Hoichi zurück zum Abt, der dem Musiker die Geschichte des mysteriösen Samurais und der anschließenden Konzerte entlockte. Hoichi befand sich in Lebensgefahr, von den Geistern des Heike-Clans verzaubert zu werden, erklärte der Abt. Es gab nur einen Weg, ihn zu retten.

An diesem Abend entkleideten der Abt und seine Gefolgsleute Hoichi und malten die Schriftzeichen für das Herz-Sutra auf seinen gesamten Körper, sogar auf seine Fußsohlen.

Der Abt wies Hoichi an, auf den Samurai zu warten, aber ganz still und ruhig zu bleiben, egal was passiert, bis der Krieger weggeht. Das Sutra, erklärte der Abt, würde ihn

> *Die Heike-Gani-Krabben, die vor der Küste von Shimonoseki gefunden werden, haben ein unverwechselbares Panzermuster, das an die Gesichtsmaske eines Samurais erinnert. Der Legende nach sind diese Krebse die Seelen der Heike, die in den Tiefen des Ozeans wiedergeboren wurden.*

GETARNTES HERZ

Das Herz-Sutra („Hannya Shingyō" auf Japanisch) ist eine grundlegende buddhistische Schrift. Seine Bedeutung entzieht sich einer einfachen Analyse, aber sie beginnt mit den Worten „Form ist Leere, und Leere ist Form". Der derzeitige Dalai Lama übersetzt den Kernpunkt des Sutras wie folgt: „Gehe darüber hinaus, gehe gründlich darüber hinaus und erreiche die Erleuchtung". Glaubt man Hoichis Erzählung, so kann das Malen des Sutra in seiner Gesamtheit auf den Körper eines Menschen dessen Anwesenheit vor den Toten verbergen. Dabei ist zu beachten, dass dies nur als visuelle Tarnung dient – Geräusche werden dadurch nicht verdeckt. Totale Stille ist ebenfalls eine Voraussetzung.

---

beschützen. Der Samurai kam spät. Er rief immer wieder nach Hoichi, aber der Musiker blieb stumm, Arme und Beine wie in Meditation gefaltet. Doch dann hörte Hoichi den frustrierten Krieger aufseufzen: „Keine Spur von ihm, außer diesem Paar Ohren. Ich muss sie meinem Herrn bringen, um zu beweisen, dass ich versucht habe, meine Befehle zu befolgen." Der Abt hatte vergessen, Hoichis Ohren mit dem heiligen Text zu beschriften!

Hoichi spürte, wie ein Paar eiskalter Hände seine Ohren packte und sie mit einer einzigen fließenden Bewegung von den Seiten seines Kopfes abriss. Trotz des Schmerzes und des spritzenden Blutes blieb der Lautenspieler völlig ruhig und still. Die Diener fanden ihn am nächsten Morgen immer noch im Lotussitz vor, durchtränkt vom Blut seiner Wunden.

Der Abt entschuldigte sich ausgiebig für sein Versäumnis und pflegte Hoichi persönlich wieder gesund. Und als sich die seltsame Geschichte herumsprach, steigerte sich auch Hoichis Bekanntheit. Schon bald war er ein wohlhabender Mann, der der Tätigkeit nachgehen konnte, die ihn am meisten erfüllte: Er spielte seine Laute vor einem begeisterten Publikum, das in Scharen kam, um Hoichi den Ohrenlosen zu sehen.

Wie du überlebst ...

Lafcadio Hearn behauptet, dass „die Heike[-Geister] in früheren Jahren viel unruhiger waren ... Sie erhoben sich über Schiffe, die in der Nacht vorbeifuhren, und versuchten, diese zu versenken; hielten jederzeit Ausschau nach Schwimmern, um sie herunterzuziehen". Beachte das Präteritum. Angriffe dieser Art sind heute nicht bekannt.

Trotzdem kann es nicht schaden, Vorkehrungen zu treffen. Ein präventives Gebet für die verlorenen Seelen der Heike am Familiengrab in Akama Jingu ist kein schlechter Anfang. Es liegt nur eine kurze Fahrt vom Bahnhof Shimonoseki entfernt. (Wir empfehlen dringend, dies im Hellen zu tun.)

Für den unwahrscheinlichen Fall, dass du von einem längst verstorbenen Samurai zu einer Geisterparty eingeladen wirst, solltest du dir einen Mönch suchen, der mit dem Herz-Sutra vertraut ist und mit Pinsel und Tinte umgehen kann – und vergiss bloß die Ohren nicht.

Direkte Begegnungen: 38
YUTEN SHONIN

Japanischer Name: 祐天上人
Geschlecht: Männlich
Alias: Heiliger Yuten, Der Exorzist von Edo, Sannosuke (Name aus der Kindheit)
Beruf: Zum Teil Schamane, zum Teil buddhistischer Priester
Religiöse Gruppe: Jodo
Lebte von: 1637–1718
Wohnort: Edo (Tokio) und in anderen Städten
Kontaktaufnahme mit dem Geist: durch Gebete, Rituale
Existenz: Historisch überliefert

Hintergrund

Yuten Shonin ist der berühmteste Exorzist Japans. Sein bekanntestes Abenteuer bestand darin, die bösen Geister von Orui und ihrem Bruder Suke zu besänftigen, über die du in Kapitel 1 gelesen hast. Aber das war nur eine von vielen ähnlichen Geisteraustreibungen, die er in ganz Japan durchführte. Sein Geschick im Umgang mit den Toten beruhte auf seiner unheimlichen Fähigkeit, ihre Geschichten zu entschlüsseln, was ihn eher zu einem „Geisterberater" als zu einem „Geisterjäger" machte. Er war sowas wie „Der Sherlock Holmes der Geister".

Die Nachricht von seinen Heldentaten verbreitete sich wie ein Lauffeuer in ganz Japan und machte ihn sowohl zu Lebzeiten als auch nach seinem Tod zu einem Superstar.

Die Geschichte

Yutens unglückliche Anfänge sind ebenso Teil seiner Legende wie seiner Exorzismen.

Yuten wurde in der ländlichen Region Tohoku geboren und im Alter von elf Jahren als Lehrling zu seinem Onkel in die große Stadt geschickt. Sein Onkel diente als Priester am Zojoji, einem opulenten Tempel, der von den Shogunen von Edo (heute Tokio) gefördert wurde. Aber so sehr er sich auch bemühte, Yuten konnte die Ausbildungsanforderungen nicht erfüllen und machte sich so lächerlich, dass sein Onkel gezwungen war, ihn vom Mönch zum Tempelhausmeister zu degradieren.

Gekränkt von seinem Versagen fastete Yuten tagelang, um sich Klarheit zu verschaffen. Schließlich erschien ihm die Vision eines alten Mannes, der ihm erklärte, dass Yutens geistige Blockade auf Karma aus früheren Leben zurückzuführen sei. Die einzige Möglichkeit, die Blockade zu lösen, bestehe darin, 21 Tage lang im weit entfernten Narita-san Shinsho-ji-Tempel zu fasten. (Zufällig hat der Tempel selbst eine interessante Geschichte: Er wurde 939 als eine Art heilige Waffe erbaut, die für Gebete und Rituale bestimmt war, um Taira no Masakado zu verfluchen, der damals noch sehr lebendig und auf dem Kriegspfad mit dem Kaiser war. Siehe Kapitel 2 für mehr Informationen.)

Nach einer beschwerlichen Reise von Edo nach Narita erreichte Yuten den Tempel. Er erklärte den Mönchen dort seine Vision und begann sein 21-tägiges Fasten vor dem riesigen Bildnis von Fudo Myoo, einer buddhistischen Gottheit, die auch als Acala bekannt ist.

Am allerletzten Tag seines Fastens blickte der Junge auf – und sah sich einem Gott gegenüber. Der Anblick

Buddhistisches Sutra, welches von Yuten eigenhändig geschrieben wurde.

erschreckte ihn zutiefst. Mit seinem finsteren Blick und seinen Reißzähnen, seinen kräftigen Muskeln, seiner typischen Lanze und seinem Breitschwert und umhüllt von einem Nimbus des gerechten Feuers war Acala jedem Menschen auf der Erde gewachsen, ganz zu schweigen von einem jämmerlich unterernährten und erschöpften Zwölfjährigen.

Der Gott stellte den Jungen vor die Wahl: Er konnte den einfachen Weg nehmen; hier sterben und in seinem nächsten Leben wiedergeboren werden. Oder er könnte den schweren Weg nehmen und zustimmen, dass sein schlechtes Karma gewaltsam aus seiner Seele geschnitten wird. Yuten zögerte nicht einmal. Er wählte den schweren Weg.

Acala wechselte den Griff um seinen Schwert und stieß die massive Klinge in den Mund des Jungen, hinunter, durch seine Kehle und tief in seine Eingeweide. Yuten erschauderte, als sein Herz stehen blieb.

Blut spritzte von seinen Lippen, als sich seine Adern entleerten, und mit ihnen sein angehäuftes Karma. Als Acala das Schwert schmerzhaft Zentimeter für Zentimeter zurückzog, füllten sich die leeren Adern des Kindes wieder mit frischem Blut, das von der Gottheit gereinigt wurde. Als die zurückweichende Spitze Yutens Mund verließ, begann sein Herz wieder zu schlagen.

Als die Mönche den zusammengesunkenen Körper des Jungen in einer Blutlache vor der Statue fanden, hielten sie ihn fälschlicherweise für tot. Aber Yuten erholte sich, neues Leben strömte durch seine Adern – und tiefgreifende Einsicht durch seinen Verstand. Er war ein neuer Mensch. Buchstäblich.

Als Yuten zum Zojo-ji zurückkehrte, wurde er nicht gerade freundlich empfangen. Der Abt war nicht glücklich darüber, dass der Junge zurückgekommen war, und weigerte sich, die Geschichte über Acala zu glauben. Die nächsten sechs Jahre arbeitete Yuten in den Räumen der Dienerschaft und studierte heimlich die heiligen Schriften. Als der Abt des Zojo-ji zum Leiter eines größeren Tempels befördert wurde, unterbrach Yuten die Zeremonie mit einer theologischen Debatte, die er mit Leichtigkeit gewann.

Nachdem er den Zojo-ji hinter sich gelassen hatte, ging Yuten auf Wanderschaft, um Menschen in Not zu helfen, und verfolgte Gerüchte über spirituelle Unruhen. Yuten hatte eine Verbindung zu bösen Geistern, insbesondere zu denen, die von Frauen Besitz ergriffen hatten. Seine Kämpfe um die Seelen der damals als zweitklassig geltenden Mitglieder der Gesellschaft machten ihn zu einem Helden unter den Bür-

Diese supersüßen Yuten-Maskottchen weisen den Weg zu seinem Tempel in Meguro!

gern und zu einer umstrittenen Figur unter den meist männlichen Machthabern, aber er wich nie von seiner selbsternannten Pflicht ab, den Bedürftigsten zu helfen – und nahm Fälle unabhängig von ihrem Geschlecht, ihrer sozialen Stellung oder ihrer Herkunft an.

Wie du Begegnungen überlebst …

… im Yuten-Style:
Yuten hat seine sterbliche Hülle schon längst abgelegt, aber du kannst von ihm lernen und versuchen, die Geschichten der Geister zu erfahren, die die Menschen terrorisieren, anstatt sie zu jagen. Allerdings ist diese Methode der Geisteraustreibung nichts für Feiglinge. Es ist bezeichnend, dass Yuten der einzige Mann in der Geschichte zu sein scheint, dem dies gelungen ist.

Du kannst Yuten auch selbst in seinem Tempel besuchen. Er wurde 1718 von seinen Schülern erbaut und befindet sich im Meguro-Viertel in Tokio, nur einen 10-minütigen Fußweg vom Bahnhof Yutenji entfernt.

ZUSAMMENFASSUNG SEINES LEBENS:

1685: Yuten entdeckt, dass der Geist, der von einer Adeligen Besitz ergriffen hatte, das ehemalige Hausmädchen ist. Mit diesem Hausmädchen hatte der Ehemann der Adeligen eine Affäre und zwang sie zu einer tödlichen Abtreibung, um diese geheim zu halten. Er tat dies zum 16. Mal. Der Ehemann verlor daraufhin seine gesellschaftliche Stellung und trat ins Kloster ein.

1690: Ein Buch, das über einige seiner erfolgreichsten Fälle berichtet, wird veröffentlicht. Es wird zu einer Sensation unter den Ooku, dem Harem der Edo-Burg, zu dem auch die Mutter des Shoguns, seine Ehefrau und seine Konkubinen gehörten. Yutens Ruf verbreitet sich.

1693: Kurodo-Zwischenfall. Ein junger Mann wird gezwungen, seine Verlobte für eine ranghöhere Frau zu verlassen. Jahrzehnte später, sterben seine erwachsenen Söhne unter seltsamen Umständen und seine Tochter erkrankt. Yuten sieht eine Vision der ursprünglichen Verlobten, die einige Jahre zuvor allein gestorben ist und nun die Familie heimsucht. Als der Ehemann ihre Seele um Entschuldigung bittet, wird die Tochter erlöst.

1711: Der Shogun ernennt Yuten zum Abt des Zojo-ji, desselben Tempels, aus dem er als Junge hinausgeworfen worden war.

Direkte Begegnungen: 39
ONO NO TAKAMURA

Japanischer Name: 小野篁
Geschlecht: Männlich
Alias: Yakyo („Verrückter Ono")
Beruf: Gelehrter und Poet
Lebte von: 802-853 (Heian-Zeit) in Heiankyo (Kyoto)
Attacke: Unbekannt. Seine Feder ist mächtiger als sein Schwert.
Kontaktaufnahme mit dem Geist: Durch einen sehr, sehr tiefen Brunnen
Existenz: Historisch überliefert

Hintergrund

Europa hat Dante. Japan hat Ono no Takamura. Und während Dante in „Dantes Inferno" eher zufällig ins Jenseits schlitterte, machte Ono die Reise freiwillig – immer wieder, jede Nacht. Man könnte sagen: er war buchstäblich ein höllischer Pendler.

Die Geschichte

Ono no Takamura ist in Japan als einer der geistreichsten und kultiviertesten Gelehrten bekannt, ein Mann, dessen Fähigkeiten der japanischen Sprachkunst, an das Übermenschliche grenzen. (Zu seinen Enkeln gehören einer von den sechs größten Dichtern und einer der drei größten Kalligraphen aller Zeiten). Aber er war kein stiller Bücherwurm, er hatte Humor und eine rebellische Ader.

Er diente Kaiser Saga lange Zeit als Hofdichter, was sich nach einem leichten Job anhört, aber nur ein falsches Wort genügte, um beim Kaiser in Ungnade zu fallen – und Ono war nicht gerade ein unterwürfiger Untertan.

Sein berühmtestes sprachliches Meisterwerk ist ein perfektes Beispiel: Ono wurde von einem politischen Rivalen in die Enge getrieben und gezwungen, eine Reihe von Kanji-Zeichen vorzulesen, die nicht laut ausgesprochen werden konnten, ohne den Kaiser zu beleidigen; er wurde des Verrats beschuldigt. Der Kaiser fragte, ob Ono den Ausdruck erfunden habe. Ono antwortete, dass seine ungewöhnliche Fähigkeit, jedes Schriftzeichen zu lesen, bedeuten würde, dass er es auch zwangsläufig geschrieben habe. Der Kaiser stellte Ono auf die Probe und forderte ihn auf, eine neue Schriftkombination zu entschlüsseln oder die Konsequenzen zu tragen: eine unsinnige Aneinanderreihung von zwölf Zeichen für „Kind"

子子子子子子子子子子子子

Man muss kein Linguistikstudium absolviert haben, um zu erkennen, dass das eine unmögliche Aufgabe ist, aber Ono reagierte geschickt und nutzte sein enzyklopädisches Wissen über obskure Lesarten, um auf der Stelle eine amüsante Interpretation zu liefern. Als der Kaiser lächelte, wusste Ono, dass er ohne Strafe davonkam.

Der Angriff

Vielleicht liegt Onos Unbeschwertheit gegenüber einem so mächtigen Mann wie dem Kaiser Saga darin begründet, dass er seine Freizeit mit noch furchterregenderen und mächtigeren Wesen verbrachte.

Es stellte sich heraus, dass dieser Supergelehrte ein Doppelleben führte: Tagsüber erfreute er die Aristokratie mit seinen Gedichten, nachts schlich er sich vom Palastgelände und stieg in den Brunnen des Chinnoji-Tempels; ein

Brunnen, der direkt in die Tiefen der Hölle führte.

Chinnoji lag in einem Gebiet, das damals zu den äußersten Randbezirken von Kyoto gehörte. Jenseits seiner Grenzen lag Niemandsland, wo alle Leichen, vom Kriminellen bis zum Mordopfer, verscharrt wurden. (Tatsächlich war der Stadtteil, in dem Chinnoji heute steht, damals als Dokuro-cho, Schädelstadt, bekannt.) Chinnoji lag genau auf der Grenze zwischen Leben und Tod, zwischen Diesseits und Jenseits.

Während Ono seine Reisen vor den Lebenden geheim hielt, waren sie den Bewohnern der Hölle bekannt. Es scheint, dass Onos Sprachgewandtheit und Gelehrsamkeit dort genauso beliebt waren wie hier oben. Doch eines nachts wurden seine nächtlichen Ausflüge auf unerwartete Art und Weise aufgedeckt.

Zu Beginn seiner Karriere wurde Ono als offizieller Studiengesandter, Kentoshi, nach China beordert. Aber er verstand sich mit dem Botschafter nicht und täuschte eine Krankheit als Ausrede vor, um nicht mitreisen zu müssen. Dies gefährdete die gesamte Mission und schadete ernsthaft Onos Ansehen. Doch ein Freund mit Beziehungen, namens Fujiwara no Yoshimi, setzte sich für ihn ein und rettete seinen Ruf.

Beide ahnten nicht, dass Ono viele Jahre später die Gelegenheit haben würde, seine Schuld zurückzuzahlen, als Fujiwara erkrankte und erlebte, was wir heute als Nahtoderfahrung bezeichnen würden: Fujiwara fand sich vor Meister Enma wieder, dem Todesgott, der über das Schicksal jeder menschlichen Seele entscheidet. Wenn er schon überrascht war, sich in der Unterwelt wiederzufinden, so war er geradezu schockiert, als er niemand anderen als Ono no Takamura direkt neben dem angsteinflößenden Richter sitzen sah!

Ono unterbrach die Prüfung von Fujiwaras Sünden und überzeugte Meister Enma davon, dass der Mann noch viel in der Welt der Lebenden zu erreichen hatte. Es zeugt sowohl von Onos Überzeugungskraft als auch von der offensichtlichen Wertschätzung des Richters der Unterwelt, dass Enma Fujiwara zurück auf die Erde schickte und er dort noch viele Jahre weiterleben durfte.

Wie zu erwarten war, erzählte Fujiwara den Vorfall am nächsten Tag überall herum. Ono beschwor ihn, darüber Stillschweigen zu wahren, aber irgendwie sickerte die Geschichte durch, und Onos Ruf, als der Mann, der bei Meister Enmas Gehör fand, verbreitete sich im ganzen Land – eine passende Wendung für einen Mann, von dem man sagen könnte, dass er die Redewendung „durch die Hölle gehen" eingeführt hat.

Tagesausflug in die Hölle

Du kannst zwar nicht durch Onos Brunnen hinabsteigen, aber du kannst ihn mit deinen eigenen Augen sehen. Der Chinno-ji-Tempel ist in zwanzig Minuten mit dem Bus (Linie 100 oder 206) vom Bahnhof Kyoto aus zu erreichen. Der Chinno-ji beherbergt auch zwei Statuen von Ono und Meister Enma, die Ono selbst geschnitzt hat.

Was passiert, wenn jemand stirbt und sich nicht in einen Yurei verwandelt? Lies weiter, was uns alle irgendwann erwartet ...

KAPITEL 7
Die Hölle

JIGOKU (DIE HÖLLE) 172

Japanischer Name: 獄
Beschreibung: Lang und kompliziert, aber das Wichtigste ist die Begegnung mit Meister Enma
Existenz: Wir werden es alle herausfinden, wenn wir sterben …

Du hast ein langes und gesundes Leben gelebt. Oder vielleicht auch nicht. Du bist als Held gestorben. Oder als Schurke. Reich. Oder arm. Es spielt keine Rolle, denn wir alle werden dort enden.

Bevor du noch mehr darüber ausflippst, dass du gestorben bist, als du es ohnehin schon tust, sollten wir ein paar Dinge klarstellen: Diese „Hölle" stellt das traditionelle japanische Wissen zu diesem Thema dar, sie entspricht also nicht genau der Hölle, an die du jetzt vielleicht in deinem religiösen Weltbild denkst. Es handelt sich eher um ein Unterwelt-Reich. Es basiert auf einem buddhistischen Glaubenssystem, das in Japan über Jahrhunderte erweitert und „lokalisiert" wurde.

Es ist zwar schon als bestrafender Ort angelegt, gleicht aber eher einem irdischen Gefängnis als einer ewigen Verdammnis. Dein Aufenthalt hier – und die Behandlung – hängt ganz davon ab, welche diesseitigen Leben du geführt hast.

Beachte den Plural! Leben. Das Leben, das du jetzt lebst – äh, bis zu diesem Zeitpunkt gelebt hast – ist nur das letzte einer endlosen Reihe von Leben, die sich über die Zeit erstrecken.

Du bist also tot. Angenommen, du hast keine Bindungen, die deine Seele an die Welt der Lebenden fesseln könnten, wie die Yurei und Onryo, über die du schon gelesen hast, dann solltest du dich am am Ufer des Flusses Sanzu wiederfinden, der japanischen Version des Flusses Styx. Wie geht es weiter? Das erwartet dich nun:

1. Triff die „Höllenhexe".

Datsueba ist eine runzlige, alte Frau, die dir deine Kleider auszieht und diese wiegt, um das Gewicht deiner Sünden zu bestimmen. Stelle es dir als „Beweisermittlung" vor.

Einige hinterhältige Seelen sind schon auf die Idee gekommen, nackt zum Wiegen zu erscheinen, um damit den Prozess ohne Sünden zu überstehen. Datsueba hat allerdings eine Sonderbehandlung für sie in der Hinterhand: Sie zieht ihnen die Haut ab und wiegt diese stattdessen.

2. Überquere den Sanzu.

Jetzt, da deine Sünden (wortwörtlich) offenbart wurden, musst du den Fluss überqueren.

Es sei denn, du bist ein kleines Kind: Vor seinen Eltern zu sterben, gilt als Sünde, aber Kinder kommen nicht in die Hölle. Sie bleiben auf der einen Seite des Flusses und bauen Steinhaufen, die von den Bewohnern der Hölle immer wieder zerstört werden. Aber ein Gott namens Jizo passt auf sie auf und bietet ihnen Zuflucht. (Siehe „Der führende Jizo", S. 128).

Wenn du ein frommer Mensch mit einer makellosen Seele bist, darfst du die Brücke über den Fluss Sanzu nehmen, gefolgt von einer flüchtigen Begegnung mit den dortigen Mächten und einer Reise ins Gokuraku (Paradies). Das Ende. Ein gut gelebtes

Leben. Gut gemacht!

Für die verbleibenden 99,9999999 % der Menschheit (d. h. für dich) ist die Überfahrt ein wenig stürmischer. Wenn du ein anständiger Mensch warst, wirst du mit einem klapprigen Boot über das tosende Wasser gefahren. Wenn nicht, wirst du gezwungen, zu Fuß durch das eiskalte Wasser zu waten. Es gibt mehrere Überquerungsstellen, aber die schlimmsten Sünder werden gezwungen, sich mehr als 400 Kilometer bis ans andere Ufer zu quälen.

Sobald du es ans andere Ufer geschafft hast, ist es Zeit für „das Jüngste Gericht".

> Noch heute werden die Klassenbücher der Lehrer scherzhaft Enma-cho (Enma-Bücher) genannt

> Früher war es üblich, einen geliebten Menschen mit sechs 1-Sen-Münzen zu begraben, damit er für die Fährüberfahrt für den Fluss Sanzu bezahlen kann. Es sind die gleichen Münzen, mit denen die Amekai Yurei Süßigkeiten für ihr Baby kaufte (siehe S. 78).

3. Triff Meister Enma.

Der Legende nach ist er der erste Mensch, der lebte und starb. Seitdem hat er als Richter der Toten den Vorsitz über das Gericht. Er ist nicht der erste Richter, dem du begegnest; eine Reihe von Unter-Richtern befragen dich zunächst in einer Form von erstinstanzlichem Gericht.

Meister Enma erwartet von dir, dass du deine Sünden selbst genau erläuterst. Sein Geheimnis ist, dass er ==ein Buch besitzt, in dem die Sünden aller Menschen,== die jemals gelebt haben und gestorben sind, perfekt aufgelistet sind. Wenn deine Beschreibungen nicht damit übereinstimmen, wird er dafür sorgen, dass deine Zunge mit einer Zange herausgerissen wird. Aber wie dem auch sei, du wirst hier deine „Strafe" erhalten und …

4. Zur Hölle fahren!

Ähnlich dem westlichen Konzept der „Höllenkreise", gibt es in der japanisch-buddhistischen Tradition ==acht Höllenstufen (siehe die nächste Doppelseite für eine künstlerische Darstellung).== Du kannst sie dir leicht merken, denn sie bauen aufeinander auf:

1) Tokatsu Jigoku: Die niedrigste Stufe der Hölle, reserviert für diejenigen, die ein Leben genommen haben, egal wie vermeintlich unbedeutend es gewesen ist. Du hast eine Mücke zerquetscht? Dann bist du ein Mörder.

2) Kokujo Jigoku: Für Mörder und Diebe.

3) Shugo Jigoku: Für Mörder, Diebe und Unzüchtige (Ehebrecher).

4) Kyokan Jigoku: Mörder, Diebe, Unzüchtige und Trinker.

5) Daikyokan Jigoku: Mörder, Diebe, Unzüchtige, Trinker und Lügner.

6) Shonetsu Jigoku: Mörder, Diebe, Unzüchtige, Trinker, Lügner und Gotteslästerer.

7) Daishonetsu Jigoku: Mörder, Diebe, Unzüchtige, Trinker, Lügner, Gotteslästerer und Vergewaltiger.

8) Mugen Jigoku: Die tiefste Stufe der Hölle. Diejenigen, die sich all der genannten Sünden schuldig gemacht haben, plus ihre Eltern oder Heilige getötet haben, verweilen hier für einen längeren Aufenthalt.

Oni: Helfer der Hölle

Die Strafen der Hölle werden von Kreaturen namens „Oni" vollstreckt. Sie werden oft mit Yokai verwechselt, bilden aber eigentlich eine eigene Klasse von Kreaturen. Es ist schwierig, sie mit westlichen Begriffen zu beschreiben, da sie sich nicht genau in Kategorien wie „Dämonen" oder „Monster" einordnen lassen. Die treffendste Übersetzung ist wahrscheinlich „Oger", aber das klingt viel banaler als es tatsächlich ist, sodass wir es bei dem Begriff Oni belassen.

Traditionellerweise sind Oni sehr große, muskulöse, humanoide Kreaturen mit leuchtend roter oder blauer Haut. Gestreifte Lendenschurze sind bei ihnen ebenso üblich wie große Eisenkeulen. Ihre Finger und Zehen sind in der Regel klauenbesetzt, ihre Gesichter sind finster dreinblickende, zähnefletschende Grimassen. Einige haben eine menschenähnliche Anatomie, andere weisen groteske Proportionen und absonderliche Gesichter mit drei oder mehr Augen auf.

Aber der beste Weg, um eine dieser Kreaturen zu identifizieren ist das Paar Hörner, die absolut en vogue für jeden Oni sind.

Trotz ihres wohlverdienten Rufs als schadenfrohe Folterknechte der Verdammten, werden Oni in Japan nicht als von Grund auf böse Kreaturen angesehen. Sie sind weniger eine Verkörperung des Bösen als eine Verkörperung von Kräften, die sich der menschlichen Kontrolle entzie-

Ein detailliertes Modell eines Oni-Gesichts, das auf historischen und folkloristischen Beschreibungen beruht.

hen. Ein perfektes Beispiel dafür sind Sprichwörter wie „kokoro wo oni ni suru" („das Herz in einen Oni verwandeln", was aber übertragen „liebevolle Strenge" meint) oder „oni ni kanabo" („einem Oni seine Keule geben", wenn man „seine Stärke ausnutzt").

BLÄTTER UM, UM DIE HÖLLE ZU BETRETEN!!!

YUREI-GLOSSAR

Akuryo 悪霊
Wörtlich: ein „böser Geist".

Borei 亡霊
Eine tote Seele, deren Identität unklar ist; vager als „Yurei".

Eirei 英霊
Eine „Heldenseele". Jemand, der im Krieg gefallen ist.

Goryo 御霊
Eine „verehrte Seele" mit königlichen Verbindungen; in der Praxis oft als höfliche Bezeichnung für einen Onryo verwendet.

Hinotama 火の玉
Ein seltsamer Feuerball, der ein Indikator für übernatürliche Aktivität sein kann; ähnlich wie ein „Fuchsfeuer" oder ein „Irrlicht".

Hitodama 人魂
Optisch dem Hinotama ähnelnd, gelten Hitodama als die tatsächlichen Seelen der Verstorbenen. Sie nehmen die Form von Feuerbällen an, die in der Nähe von Friedhöfen auftauchen.

Hyoui 憑依
Besessenheit von einer Seele oder einer anderen Gottheit

Ikiryo 生霊
Ein „lebender Geist" – die Seele eines lebenden Individuums, die vorübergehend ihren Körper verlässt, wie bei Lady Rokujo (siehe S. 28).

Jibakurei 地縛霊
Bezeichnung für eine Seele, die aus irgendeinem Grund an einen bestimmten Ort gebunden ist; ein Geist, der für einen örtlich begrenzten Spuk verantwortlich ist.

Kaidan 怪談
Kaidan, mit den Zeichen für „seltsam" und „erzählerisch" geschrieben, bezieht sich auf Geistererzählungen und andere Horrorgeschichten. Manchmal wird es „Kwaidan" geschrieben, was eine alte Schreibweise desselben Wortes ist.

Kami 神
Ein Geist oder eine Gottheit. Nicht mit einem Yurei oder Yokai zu verwechseln.

Noroi 呪い
Ein Fluch.

Obake お化け
Obake werden oft mit Geistern in Verbindung gebracht und es bedeutet wörtlich „etwas Verwandeltes" und bezieht sich auf Gestaltwandler wie Yokai. Es ist eine umgangssprachliche Form des Wortes Bakemono.

Ofuda お札
Ein geweihter Talisman, oft in Papierform, der Geister abwehren kann; wird in buddhistischen Tempeln und Shinto-Schreinen verkauft. Ein Beispiel findest du auf Seite 188.

Oharai お祓い
Ein spiritueller Reinigungsritus, der an Schreinen durchgeführt wird; im Wesentlichen ein präventiver Exorzismus.

Oni 鬼
Mächtige Kreaturen, die Strafen im Jenseits vollstrecken und gelegentlich auch in der Menschenwelt anzutreffen sind; ein Zeichen der Macht jenseits der menschlichen Vorstellungskraft.

Onibi 鬼火
Wörtlich: „Oni-Feuer". Wird oft als Oberbegriff für Hinotama und Hitodama benutzt.

Onnen 怨念
Eine starke Mischung aus Wut und/oder Traurigkeit, gepaart mit einem überwältigenden Wunsch nach Vergeltung; ein Groll in physischer Form; Treibstoff für einen wütenden Geist (Onryo).

Onryo 怨霊
Im traditionellen Sprachgebrauch wurde die Seele eines Feindes des Kaisers, die zurückgekehrt war, um Verwüstung über die Nation zu bringen, so genannt. In der heutigen Zeit wird es verwendet, um damit jede wütende Seele zu bezeichnen.

Power Spot パワースポット
Orte, von denen angenommen wird, dass sie Körper und Seele energetisch aufladen; oft mit natürlichen Landschaften oder heiligen Stätten verbunden.

Reikan 霊感
Die Fähigkeit, die Anwesenheit von Geistern oder anderen übernatürlichen Phänomenen zu spüren; ein Medium wird auf Japanisch „Reinosha" genannt.

Senrigan 千里眼
Hellseherei; wird oft mit den Personen in Verbindung gebracht, die Tote sehen oder mit ihnen kommunizieren können.

Shinrei 心霊
Allgemeiner Begriff für „Geist"

Shinrei Shashin 心霊写真
Geisterfotographie. Fotos, die angeblich Geister oder Geistererscheinungen zeigen (s. S. 152).

Shinrei Spot 心霊スポット
Ein Ort, an dem es spukt.

Shoryo 精霊
Die Seele eines geliebten verstorbenen Verwandten oder Freundes – nicht zu verwechseln mit „Seirei", das mit denselben Kanji-Zeichen geschrieben wird, aber eigentlich eher „Yokai" oder „Fee" meint.

Sorei 祖霊
Der Geist eines Vorfahren. Das sind GUTE Geister.

Tatari 祟り
Eine wirkungsvollere Version eines Noroi (Fluch), welche oft aus blasphemischem Verhalten resultiert. Das passiert, wenn man die Götter wütend macht.

Yokai 妖怪
Kein Geist, sondern ein übernatürliches Wesen oder Geist, der mit der Natur verbunden ist. Siehe „Yokai-Survival-Guide".

Yurei 幽霊
Ein Geist; üblicherweise ein beängstigender Geist. Lies die Einleitung!

SPIELZEUG DES SPUKS

In Japan sind Spielzeuge, die auf Dämonen und Geistern basieren, seit Jahrzehnten – in manchen Fällen sogar seit Jahrhunderten – beliebt. Hier sind einige unserer Favoriten. Beachte, dass keiner der Hersteller tatsächlich den Begriff „Yurei" verwendet und sich stattdessen für das niedlicher klingende „Obake" entschieden hat, um die Wirkung dieser oft grausamen Spielzeuge abzumildern.

ONI (1976)

Diese Figuren wurden vom ehemaligen Spielzeughersteller Sakura als Merchandise für eine wirklich großartige Anime-Serie namens „Manga Nihon Mukashibanashi" entwickelt. Angesichts der Tatsache, dass die Zielgruppe Kinder waren, ist es nicht verwunderlich, dass die Darstellung des Oni etwas niedlicher ist als das, was du in Kapitel 7 dieses Buches gelesen hast. Das Beste war: Mit einer eingelegten Batterie leuchteten sogar die Augen.

YAKO OBAKE „LEUCHTGEISTER" (1970ER)

Diese Papiergeister wurden an Dagashiya, sowas wie Kiosken, verkauft. Diese Art von Produkt repräsentiert das typische Dagashiya-Produkt: billig und auffällig, um Kinder zu verlocken, ihr Taschengeld dafür auszugeben. Der Inhalt bestand aus 10 x 20 cm großen Bild-Karten, die zum einfachen Herausnehmen und Zusammensetzen vorgestanzt waren. Sie haben ihre Leuchtkraft nicht verloren!

GRUSEL-BAU-SÄTZE (1970ER)

Eine Reihe von Plastik-Modell-Produzenten, darunter auch die inzwischen nicht mehr existierende Firma Nakamura, stellten bereits in den 1970er-Jahren Bausätze mit verschiedenen gruseligen Kreaturen her.

HITODAMA-KUN (HERR DES MENSCHLICHEN FEUERWERKS)

Hierzulande haben wir langweilige Wunderkerzen – in Japan gibt es Hitodama-kun! Gieß einfach die Flasche mit den flüssigen Menschenseelen, äh, mit dem Feuerzeugbenzin, auf die Watte und zünde sie an. Sie wurden den geheimnisvollen Feuerbällen nachempfunden, die manchmal über Friedhöfen auftauchen. Ein Spaß für die ganze Familie, ob lebendig oder nicht. Bonus: Es gibt sogar einen dreieckigen Beerdigungskopfschmuck aus Papier, welchen jeder ehrbare Yurei trägt.

KARUTA-KARTEN (1800–HEUTE)

Karuta, ein japanisches Wort, das dem portugiesischen Wort für „Karte" entlehnt ist, wurden in Japan in großen Mengen hergestellt. Am bekanntesten sind winzige rechteckige Karuta; es gibt sie jedoch in allen Formen und Größen. Darstellungen berühmter Helden und Charaktere waren weitaus häufiger, aber gelegentlich produzierten wagemutige Unternehmen auch Karuta mit Yurei.

OBAKE-YASHIKI-SET (SPUKHAUS-SET) (1970ER)

Es ist schwer vorstellbar, dass ein Kind mit diesen gruseligen Vinyl-Figuren allein gelassen werden möchte. Die Yokai sind schon gruselig, aber die Darstellung von Oiwa-san aus Yotsuya Kaidan muss Albträume ausgelöst haben. Andererseits muss es einen gewissen Reiz ausgemacht haben, Japans gefährlichsten weiblichen Geist in der Tasche mit sich herumtragen zu können.

OBAKE HANABI (MONSTER-FEUERWERK) (1970ER)

Obwohl es häufiger „Obake"-Feuerwerk als „Yurei"-Feuerwerk genannt wird, ist das Bild auf der Verpackung eindeutig gespenstisch und zeigt sogar ein Grab.

NETSUKE (MITTE 1600-ANFANG 1900)

Netsuke sind weniger „Spielzeug" als Dekorationen, sie sind das traditionelle japanische Äquivalent zu Manschettenknöpfen oder Krawattennadeln. Sie wurden aus Elfenbein oder Holz geschnitzt und dienten zur Befestigung von Stoffbeuteln an Kimono-Schärpen (Kimonos haben keine Taschen). Im Laufe der Jahre entwickelten sich Netsuke von einer praktischen Notwendigkeit zu einem fantasievollen Accessoire, die Künstler dazu antrieben immer niedlichere, wildere oder auffälligere Designs zu kreieren. Nicht wenige Netsuke weisen übernatürliche Motive auf, wie zum Beispiel diese Yurei-Figuren.

FLUORESZIERENDE MAGNETE (1980ER?)

Diese irren, fingergroßen Karten verfügen über eine Vielzahl von Yurei- und Yokai-inspirierten Designs. Sie haben außerdem eine magnetische Rückseite, sodass du sie an deinen Spind oder deinen Kühlschrank hängen kannst.

HIKARU OBAKE JIKESHI (LEUCHTENDER MONSTER-RADIERER)

Noch ein leuchtendes Spielzeug! Diese Oiwa-san im Taschenformat ist gruselig UND praktisch: Sie ist ein Radiergummi! Sie hat auch eine Schlaufe am Kopf für diejenigen, die sie wie eine Halskette tragen möchten. Und das alles für nur 50 Yen (ca. 30 Cent)!

BIBLIOGRAPHIE UND WEITERFÜHRENDE LITERATUR

Addiss, Stephen (2001): Japanese Ghosts and Demons. Art of the Supernatural. New York: George Braziller Inc.

Foster, Michael Dylan (2009): Pandemonium and Parade. Japanese Monsters and the Culture of Yokai. Oakland: University of California Press.

Fujinuma, Ryozo et al. (1984): Yokai Yurei Daihyakka. [Encyclopedia of Yokai and Yurei]. Kyoto: Keibunsha.

Hearn, Lafcadio (1971): In Ghostly Japan. Vermont: Tuttle Publishing.

Hirai, Tadamasa (2000): Yurei Gashu. [A Collection of Yurei Paintings]. Tokyo: Zenshoan.

International Research Center for Japanese Studies (2002): Ibun Yokai Densho Detabesu [Strange Phenomenon and Yokai Legend Database]. http://www.nichibun.ac.jp/YoukaiDB/ (Letzter Abruf: 15.02.24).

Mitford, Algernon (2004): Tales of Old Japan. https://www.gutenberg.org/cache/epub/13015/pg13015-images.html (Letzter Abruf 15.02.24).

Murakami, Kenji (2000): Yokai Jiten. [Yokai Encyclopedia]. Tokyo: Mainichi Shimbunsha.

Nakaoka, Toshiya (1983): Shashin! Nihon Kyofu 100 Meisho [Photographs of 100 Famous Scary Spots in Japan]. Tokyo: Futami Shobo.

National Museum of Japanese History (HG.) (2009): Hyakki Yako no Sekai [The World of The Demons' Night-Parade]. Sakura: National Institutes for the Humanities.

Omori, Akihiro (2007): Nihon no Onryo [Japan's Angry Ghosts]. Tokyo: Heibunsha.

Smithsonian Institution (2007): Japanese Masterworks from the Price Collection. Tokyo: The Arthur M. Sackler Gallery und Shogakukan.

Tada, Gen (2006): Kaisetsu Kojiki – Nihonshoki. (An Analysis of the Kojiji and Nihonshoki). Tokyo: Saitosha.

Oiwa
Brazell, Karen (1997): Traditional Japanese Theater. An Anthology of Plays. New York: Columbia University Press.

Otsuyu
Asai, Ryo (2001): Otogi Boko. Shin Nihon Koten Bungaku Taikei [Otogi Boko: New Japanese Classic Literature Collection Edition] Tokyo: Iwanami Shoten.

Lady Rokujo
Shikibu, Murasaki (2010): The Tale of Genji. Vermont: Tuttle.

Bargen, Doris (1997): A Woman's Weapon. Spirit Possession in the Tale of Genji. Hawaii: University of Hawai'i Press.

Sugawara no Michizane
Brown, Delmer und Ishida, Ishiro (1979): The Future and the Past. A Translation and Study of the Gukansho, an Interpretative History of Japan written in 1219. Oakland: University of California Press.

Griffis, William Elliott (1894): Japan in History, Folk Lore and Art. Boston: Houghton Mifflin Harcourt Publishing.

Ito (HG.) (1991): Rekishi Dokuhon. Seinaru Jinja Onryo no Kamigami [A History Reader. Holy Shrines and Angry Gods]. Tokyo: Shinjinbutsu Ouraisha.

Kohada Koheiji

Santo, Kyoden und Sunaga, Asahiko (HG.) (2002): Gendaigo Yaku Edo no Denki Shosetsu. Fukushu Kidan Asaka no Numa [A Modern Translation of the Edo Novel. Asaka Swamp. A Strange Tale of Revenge] Tokyo: Kokusho Kankokai.

Markus, Andrew Lawrence (1992): The Willow in Autumn. Ryjtei Tanehiko, 1783-1842. Cambridge: Harvard University Asia Center.

Sumptner, Sara L. (2006): From Scrolls to Prints to Moving Pictures. Iconographic Ghost Imagery from Pre-Modern Japan to the Contemporary Horror Film. In: Explorations. The Undergraduate Research Journal 2006, 9, S. 5–24.

Sakura Sogoro

Walthall, Anne (1991): Peasant Uprisings in Japan. A Critical Anthology of Peasant Histories. Chicago: University of Chicago Press.

Aoki, Michiko Yamaguchi (1981): As the Japanese see it. Past and Present. Hawaii: University of Hawai'i Press.

Prinz Moriyoshi

Onuki, Akihiro (2008): Kamakura Rekishi to Fushigi wo Aruku [Kamakura Mystery Tour]. Tokyo: Jitsugyo no Nihonsha.

Miyagi & Isora

Ueda, Akinari (2007): Tales of Moonlight and Rain. New York: Columbia University Press.

Hakkoda-san

Nitta, Jiro (2007): Death March on Mount Hakkoda. Berkeley: Stone Bridge Press.

Aokigahara

Gilhooly, Rob. (2011): Inside Japan's Suicide Forest. In: The Japan Times (26. Juni 2011).

Oiran Buchi

Kobayashi, Kazuo (2005): Oiran Buchi. Tokyo: Soubunsha.

Sunshine-60-Hochhaus

Oda, Bunji (2000): Kanshu ga Kakushi Totteita Sugamo Prison Mikokai Film [Previously Unpublished Film Secretly taken by Wardens at Sugamo Prison]. Tokyo: Shogakukan.

Der führende Jizo

Schumacher, Mark (2015): A to Z Photo Dictionary of Japanese Buddhist Statuary. http://www.onmarkproductions.com/html/jizo1.shtml (Letzter Abruf 15.02.24).

Smits, Gregory (2011): Danger in the Lowground. Historical Context for the March 11, 2011 Tohoku Earthquake and Tsunami. In: The Asia-Pacific Journal. https://apjjf.org/2011/9/20/Gregory-Smits/3531/article.html (Letzter Abruf 15.02.24).

Atwater, Brian et al. (2005): The Orphan Tsunami of 1700. Japanese Clues to a Parent Earthquake in North America. In: U. S. Geological Survey Professional Paper 1707. Washington: University of Washington Press.

Japanische Flüche
Seki, Yuji (2003): Noroi to Tatari no Nihon Kodaishi [Curses in Ancient Japanese History]. Tokyo: Shoseki.

Kokkuri-san
Inoue, Nobutaka (HG.) (1994): Folk Beliefs in Modern Japan.
Tokyo: Kokugakuin University.

Nagaoka, Toshiya (1974): Kokkuri-san no Himitsu [Secrets of Kokkuri-san]. Tokyo: Futami Shobo.

Hangonko-Weihrauch
Kern, Adam L. (2006): Comicbook Culture and the Kibyioshi of Edo Japan. In: Manga from the Floating World. Cambridge: Harvard University Asia Center.

Shinrei Shashin
Koike, Takehiro (2005): Shinrei Shashin. Fushigi wo Meguru Jikenshi [Shinrei Shashin: A History of Mysterious Incidents].
Tokyo: Takarajimasha.

Yuten Shonin
Hardacre, Helen (1999): Marketing the Menacing Fetus in Japan. Oakland: University of California Press.

Jigoku
Yushinari, Isamu (HG.) (1994): Nihon Oni Soran [An Overview of Japan's Oni]. Tokyo: Shinjinbutsu Ouraisha.

Deutsche Literatur zum Thema
Scherer, Elisabeth (2014): Spuk der Frauenseele [Weibliche Geister im japanischen Film und ihre kulturhistorischen Ursprünge]. Bielefeld: Transcript Verlag.

Hearn, Lafcadio (2021): Japanische Geister und Naturwesen. Berlin: Verlagshaus Jacoby & Stuart.
Hearn, Lafcadio (2020): Geistergeschichten aus Japan. Berlin: Verlagshaus Jacoby & Stuart.

Filme
Suicide Forest Village (2021)
Eines Tages findet eine Gruppe junger Erwachsener eine mysteriöse Box. Ursprung dieser Box ist der Aokigahara-Wald. Dieser Film thematisiert die Geschichte des japanischen Selbstmord-Waldes.

Sadako vs. Kayako (2016)
Ihr wolltet schon immer mal sehen, wie ein Kampf zwischen zwei Yurei ausgehen könnte? Dann ist dieser Film perfekt für euch!

Anime
Ayakashi: Japanese Classic Horror (2006)
Oiwas Geschichte.

Jigoku Shōjo (2009) (3 Staffeln)
Ein Anime über den Meister der Hölle mit einem Twist.

> **MEHR ÜBER YUREI**
> Dieser Abschnitt behandelt einige Klassiker-Bücher des Geistergenres und ein paar unserer Lieblingsfilme, die jedem, der sich für übernatürliche Gruselgeschichten interessiert, sehr zu empfehlen sind.

Am besten nachts schauen! Ganz allein!

Hiroko & Matts Top 5 Horror-Filme aus Japan

Kwaidan (1964)
Wenn du dir einen japanischen Horrorfilm ansehen möchtest, dann nimm diesen. Er enthält Handlungsstränge von mehreren der in diesem Buch beschriebenen Geschichten, darunter Miyagi und Hoichi der Ohrenlose.

Ringu (1998)
Der Film, der das Phänomen „J-Horror" anstieß. Möglicherweise die beste Darstellung eines Onnen (böser Geist), die jemals verfilmt wurde. Die Hollywood-Version, „The Ring", ist okay, aber nichts übertrifft das Original.

Ju-On: Der Fluch (2004)
Dieser „J-Horror"-Klassiker war sowohl in Japan als auch im Ausland so beliebt, dass Hollywood ihn einige Jahre später als „The Grudge" neu verfilmte. Auch zu empfehlen ist „Ju-On: Origins" (2020) auf Netflix.

Bücher

Genji Monogatari
von Murasaki Shikibu.
Unter dem Regenmond
von Akinari Ueda.
In Ghostly Japan
Kwaidan
von Lafcadio Hearn.
Japanese Tales
von Royall Tyler.
The Legends of Tono
von Kunio Yanagita.
Rashomon
von Ryunosuke Akutagawa.

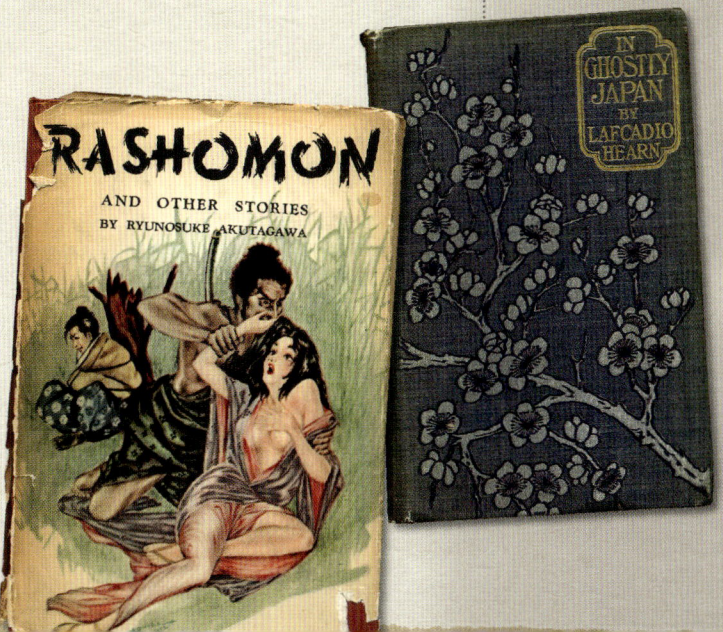

OFUDA 御札

Ofuda sind Talismane aus Papier, die jegliches Böses abwehren sollen, angefangen von einfachem Pech und Unglück bis hin zu bestimmten Geistern oder anderen übernatürlichen Kräften. In den Religionen Shintoismus und Shugendo werden sie häufig als Amulette verwendet. Sie sind in der Regel in Shinto-Schreinen in Papierform erhältlich und mit gestempelten oder geschriebenen Informationen bedeckt, wovor oder vor wem der Besitzer beschützt wird.

Die hier gezeigten Ofuda stammen aus dem Tamiya-Jinja-Schrein, der auch als Yotsuya-Oiwa-Inari-Schrein bekannt ist. Er befindet sich im Stadtzentrum von Tokio auf dem Gelände der ehemaligen Tamiya-Residenz, in der auch der erste in diesem Buch dargestellte Yurei, Oiwa-san, vor Jahrhunderten lebte. Ein Besuch dieses Schreins ist ein Muss für jeden, der über das Leben (oder besser gesagt, das Leben nach dem Tod) dieses wütenden Geistes schreibt oder recherchiert. Diese Ofuda wurden uns geschenkt, nachdem wir für eine Oharai, eine präventive Exorzismuszeremonie, bezahlt hatten. (Vorsicht ist besser als Nachsicht.)

Die Ofuda werden in der Regel an einer Wand innerhalb des Hauses angebracht. In extremen Fällen werden viele Hunderte an Wänden und Eingängen angebracht, um die Bewohner zu beschützen.

Leider gelten diese Kopien hier nicht als wirksam; man muss einen Schrein besuchen und einen „lebenden" Ofuda erwerben, um den maximalen Schutz zu erhalten. Selbst „lebende" Ofudas haben ein Verfallsdatum und müssen in der Regel jährlich ersetzt werden.

REGISTER

Acala (siehe Fudo Myoo)
Anime 180, 187

Berg Hakkoda 96–99
Berg Osore-zan 124–127
Botan Doro 24

Chinnoji-Tempel 170

Dan-no-Ura, Schlacht von 160

Enma, Meister 172–175
Exorzismus, Japanischer 7, 164

Flüche, Japanische 140–143
Fox-Geschwister 146
Fudo Myoo 164
Führender Jizo 128–131
Fundamentopfer (siehe Hitobashira)
Furisode Kanji 84–87
Futon aus Tottori 88–90

Geister-Fotographie
    (siehe Shinrei Shashin)
Geister-Räucherwerk
    (siehe Hangon-Weihrauch)
Genji Monogatari 11, 28
Geschichte vom Prinzen Genji
    (siehe Genji Monogatari)
Geschirr zählender Geist (siehe Okiku)
Geschirrhaus (siehe Okiku)
Gespenst, das Süßes kauft 76–79

Hachioji, Burg 104–107
Hakkoda-san (siehe Berg Hakkoda)
Hangon-Weihrauch 148–151
Hearn, Lafcadio 27, 76, 84, 88, 132, 134, 148, 163, 187
Heike-Clan 160
Heike-Gani-Krabben 162
Herz-Sutra 163
Hiimi-sama 64–67
Hitobashira 132, 113
Hitodama 6, 152, 178
Hoichi, der Ohrenlose 160–163

Hokkaido, Geister von 80, 112
Hölle 172, 176
Höllenstufen 174, 176–177
Hyaku Monogatari 136–139

Ikiryo (lebender Geist) 28, 178
Inoue, Enryo („Dr. Yokai") 146, 152
Isora 32
Iyemon (Yotsuya Kaidan) 16–19
Izu Oshima-Inseln, Geister der 64

J-Horror 11, 16, 20, 183
Jizo-Statuen 128, 173
Jomon-Tunnel 112–115
Jukai 100–103
Ju-On (The Grudge) 11, 187

Kabuki 10, 16–19, 27, 52, 59
Kamakura, Geist von 60
Kasane ga fuchi 36–39
Kibitsu, der Kessel von (siehe Isora)
Kimono-Feuer (siehe Furisode Kaji)
Kohada Koheji 52–55
Kokkuri-san 144–147
Kurosawa, Akira 11
Kwaidan (Film) 187

Lady Rokujo 28–31

Matsue-Ohashi-Brücke 132–135
Meer der Bäume (siehe Jukai)
Menschenopfer (siehe Hitobashira)
Mimi nashi Hoichi 160–163
Miyagi 72–75
Moriyoshi, Prinz 60–63
Murakami, Haruki 20

Ofuda (Schutz-Talisman) 27, 35, 178, 188 (Beispiele)
Oiran Buchi 116–119
Oiwa 16–19
Okiku 20–23
Okiku-Puppe 80–83
Okyo, Maruyama 9

Oni 175, 176
Onnen, Kraft des 8
Ono no Takamura 168–171
Onryo 8, 44
Osore-zan 124
Otogiboko (Buch) 27, 136–138
Otsuyu 24–27

Pfingstrosenlaterne, Märchen der
 (siehe Botan Doro)

Rashomon (Film) 11, 187
Ringu (Film) 11, 187

Sadako (The Ring) 16, 20
Sakura Sogoro 56–59
Séancen, Japanische
 (siehe Kokkuri-san)
Shinrei Shashin 152–155
Spiritualismus 152
Sugawara no Michizane 44–47
Sunshine-60-Hochhaus 120–123
Sutoku 48–51

Tabaruzaka-Hügel 92–95
Tamiya-Jinja-Schrein 188
Tatari (Fluch) 179
Taira no Masakado 8, 40–43

Ukai Kansaku 68–71
Ushi no koku mairi 140–143

Weinende Steine 108–111

Yokai 9, 111, 179
Yotsuya Kaidan (siehe Oiwa)
Yotusya-Oiwa-Inari-Schrein 188
Yuten Shonin 164–167

Meister Enma (S. 172) lauert dem Geist einer Kurtisane auf, der einen flammenden Kimono trägt. Von dem legendären Kawanabe Kyosai.

DANKSAGUNG

In erster Linie müssen wir Gregory Starrs unerschütterliche Hingabe an unser spezielles Anliegen hervorheben. Ohne ihn hätten unsere Bücher niemals den Sprung ins Leben gewagt. Seine Entscheidung, uns mit dem talentierten Andrew Lee zusammenzubringen, machte die Serie zu dem, was sie heute ist.

Ein weiteres großes Dankeschön geht an Eric, William und all die netten Leute von Tuttle Publishing, die unsere Bücher nach dem plötzlichen Ende unseres vorherigen Verlages übernommen haben.

Unser ganz besonderer Dank gilt den Menschen, die uns mit verschiedenem Bildermaterial unterstützt haben: Der legendäre Kunstsammler Joe Price hat uns freundlicherweise erlaubt, die Geisterbilder zu verwenden, die in der Einleitung und auf der gegenüberliegenden Seite verwendet wurden. Der Filmregisseur Tomoo Haraguchi lieh uns eine Reihe von schaurigen Requisiten. Der Sammler „Nandemoplamo" und der Spielzeugladen „Godzilla-ya" erlaubten uns, Fotos von Modellen und Spielzeugen aus ihrer umfangreichen Sammlung zu verwenden. Die Manga-Zeichner Yoshiko und Naoki Karasawa haben uns Bilder von Menko- und Karutakarten zur Verfügung gestellt, und der Fotograf Rob Oechsle hat uns erlaubt, alte Fotos aus seinem Archiv zu verwenden. Und Katrina Grigg-Saito erlaubte uns freundlicherweise, ein Foto ihrer Familien-Okiku-Puppe zu verwenden.

Unser Dank gilt auch all unseren Freunden hier in Tokio, die uns mit wertvollen Ideen, Perspektiven und gelegentlich auch kaltem Bier versorgt haben, darunter Andrew Szymanski, Tatsuya Morino, Yutaka Kondo, Konami Chiba, Nobuhiro Arai, Keitaro Hamabe, Masaji und Eri Shiina, Anri Tsutsumi, Susumu Maruyama und Rintaro Yamamoto.

Und natürlich ein Danke an Oiwa-san und all den anderen Geistern, die es uns ermöglicht haben, das Schreiben dieses Buches ohne größere Zwischenfälle zu überstehen.

Hiroko Yoda
Matt Alt
Tokio, Japan
März 2012

LIES AUSSERDEM BEI HEEL MANGA:
Yokai-Survival-Guide und Manga zeichnen

Hiroko Yoda und Matt Alt sind ein Ehepaar, das ein in Tokio ansässiges Übersetzungsbüro betreibt, welches sich auf die Erstellung englischer Versionen von japanischen Videospielen, Comics und Literatur spezialisiert hat.

Shinkichi ist eine in Tokio lebende Illustratorin und Grafikerin, die auch „Dojin", Mangas im Selbstverlag veröffentlicht. Ironischerweise hat sie eine Todesangst vor Geistergeschichten. „Der Yurei Survival Guide" ist ihr internationales Debüt.